하나님이 기뻐하시는 삶

류춘영 신앙간증집

교음사

| 책머리에 |

성경암송으로 얻은 치유 은사

    성경을 손으로 한 번 쓰기로 결심하고 3년 동안 요한 계시록 몇 장만 남게 되었을 때에 갑자기 눈이 가려워서 책을 볼 수 없는 병이 발병되었다. 눈에 약을 넣어도 아무런 효과가 없었는데 약 20일이 지났을 때 큰 처형님(대구 남산교회 권사)이 연락도 없이 갑자기 찾아왔다. 그래서 내 눈에 약을 넣어도 낫지 않는 병이 걸렸다고 말했더니 나를 눕게 하고 눈 위에 오른쪽 손을 얹어 치유 기도를 하기 시작하였다. 약 5분이 지났을 때에 아픈 증상이 깨끗이 없어지고 완전히 정상적인 눈으로 회복되었다. 그래서 이러한 치유은사를 나도 받아야 되겠다고 결심하고 영성치유 상담사 교육을 2년 동안 배우기로 하였다.
    그때 배운 성경 말씀 중 33개 요절을 선정하여 그것을 2년간 매일 반복하여 암송하였더니 그 이후부터 머리에 열이 나고 아플 때에 이마에 오른쪽 손을 얹어 기도하면 하나님께서 치료하여 주셨다. 그리고 무릎이 아플 때에도 손목에 혹이 생겼을 때에도 다 치료하여 주셨고, 다른 사람들이 열이 날 때나 오십견으로 고생하는 장로님도 양쪽 어깨에 두 손을 얹어 기도하니 하나님께서 다 치료하여 주셨다. 그래서 성경 암송 내용을 더 추가(150 요절)하여 3,000부를 인쇄하여 경주 장로수련회장에 가서 의자 위에 2시간 걸려서

배부를 하였다. 그것을 읽어 본 독자들로부터 그 내용이 좋으니 말씀을 더 추가하여 책을 만들면 좋겠다는 요청이 있었다.

 질병을 고치는 치유은사는 방언을 받은 특별한 성도에게만 주시는 것이라고 생각하였는데 방언을 받지 않은 성도에게도 치유은사를 주신다는 것을 알게 되었고, 이러한 내용을 모든 성도들에게 알리기 위하여 성경 암송을 하면서 병마를 물리친 체험을 토대로 하여 2009년 8월에 『성경 암송 및 치유은사』란 제목으로 휴대용 소책자 초판 6,000부를 발행하였고 그 이후에 대표되는 말씀(750 요절)을 더 추가하고 그 말씀들을 찾기 쉽도록 분야별로 분류하여 개정판 11,000부를 발행하였으며, 그 후 증보판 4,000부를 발행하였다.

 지금까지 하나님의 은혜와 사랑으로 이 부족한 종을 지켜주시고 도와주시고 인도하여 주신 하나님께 감사를 드리며 금번에 성경 암송 및 치유은사 책자 발간에 이어서 『하나님이 기뻐하시는 삶』이란 신앙 간증집을 발간할 수 있도록 인도하여 주신 하나님께 감사와 찬양과 영광을 드립니다.

       2015년 1월 15일

            류춘영 장로

|류춘영 신앙간증집| 하나님이 기뻐하시는 삶

- 차 례
- 책 머리에

1. 하나님께 맡기는 삶

오직 하나님께 영광을 … 14

하나님을 기쁘시게 하는 자 … 17

하나님께 맡기는 삶 … 20

말씀과 기도를 병행하라 … 23

하나님 말씀을 생활화 하자 … 26

복 받는 자의 길 … 29

2. 성경 암송의 동기

성경 암송에 대하여 … 34

성경 암송의 동기 … 37

성경 암송의 중요성 … 40

성경 암송 방법 … 45

3. 치유기도 간증사례

50 … 치유 은사에 대하여
56 … 치유기도 간증사례
60 … 구원과 영성에 대하여
63 … 천국에 대하여
66 … 성령에 대하여
70 … 믿음에 대하여
73 … 한국교회와 나라를 위한 기도
76 … 신앙성숙을 위한 기도
79 … 하나님이 기뻐하시는 삶

4. 해외선교 및 연주를 가다

84 … 일본 나가사키 순교지를 가다
90 … 동경, 요코하마에 단기선교를 가다

오사카, 고베, 교토에 단기선교를 가다 … 94

중국에 의료봉사와 선교를 가다 … 98

필리핀 빈곤 선교지를 가다 … 102

선교 및 해외 연주를 가다 … 105

인도에 해외 연주를 가다 … 110

미주지역 해외 연주를 가다 … 114

해외 선교찬양(베트남, 캄보디아)를 가다 … 121

동유럽(독일, 체코, 오스트리아, 헝가리) 해외 연주를 가다 … 126

러시아 및 북유럽 3국 해외연주를 가다 … 133

나라 사랑 찬양선교(포항, 울릉도, 독도) … 138

5. 부록

1) 치유기도에 도움 되는 암송 말씀 … 142

2) 믿음생활에 도움 되는 말씀 … 147

3) 말씀을 분야별로 분류 … 202

4) 시편 19편 … 229

5) 기독교 용어 바르게 사용하기 … 231

6) 심방 때 참고 말씀과 찬송 … 233

7) 하나님의 도움이 필요할 때 … 235

1
하나님께 맡기는 삶

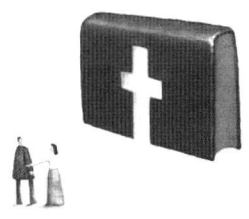

　하나님은 우리들이 이 세상에서 평안을 누리면서 잘 살아가기를 원하고 계신다. "여호와의 말씀이니라. 너희를 향한 나의 생각을 내가 아나니 평안이요, 재앙이 아니니라. 너희에게 미래와 희망을 주는 것이니라. 너희가 내게 부르짖으며 내게 와서 기도하면 내가 너희들의 기도를 들을 것이요 너희가 온 마음으로 나를 구하면 나를 찾을 것이요 나를 만나리라."(렘 29:11~13)

오직 하나님께 영광을

우리 인생의 삶의 목적은 오직 하나님만을 영화롭게 하는 것입니다. 성경에서 하나님이 이 세상을 말씀으로 창조하시고 우리 인간을 만드신 목적은 하나님을 찬양하기 위하여 만드셨다고 하였으니 우리들은 날마다 모든 일을 통하여 오직 하나님에게 영광을 돌려 드리며 하나님이 기뻐하시는 삶을 살아가야 한다. "오직 나는 여호와를 우러러보며 나를 구원하시는 하나님을 바라보나니 나의 하나님이 나에게 귀를 기울이시리로다."(미 7:7)

첫째 하나님께 감사하는 찬송을 부르자. 우리가 하나님을 택한 것이 아니라 하나님이 우리들을 택하여서 하나님의 자녀로 삼아 주셨다고 하였으니 그 측량할 수도 없고 영원히 변치 않는 크신 사랑을 항상 감사하는 마음과 기쁨으로 섬기며 즐거운 찬양을 드려야 한다. "이 백성은 나를 위하여 지었나니 나를 찬송하게 하려 함이라"(사 43:21)고 하였고 시편 기자도 온 땅이여 여호와께 즐거운 찬송을 부를지어다. 너희 모든 백성들아 하나님을 찬양하며, 그의 능하신 행동을 찬양하고 그의 지극히 위대하심을 따라 찬양하며, 호흡이 있는 자마다 하나님을 찬양하라고 하였다.

둘째, 하나님 말씀을 지켜 행하는 자가 되자. 하나님의 말씀을 사람의 말로 받지 아니하고 하나님의 말씀으로 받아들이고 그 말씀을 열심히 읽고, 열심히 듣고, 열심히 암송하고, 열심히 묵상하고 그 말씀을 지키면서 살아가면 하나님께서 그가 하는 모든 일이 형통하게 되고 들어와도 복을 받고 나가도 복을 내려 주신다고 하셨다. 우리를 대적하기 위하여 들어온 악한 영들이 한길로 들어왔다가 일곱 길로 도망하게 된다고 하였고, 하나님께서 네 손으로 하는 모든 일에 복을 주시리니 네가 많은 민족에게 꾸어줄지라도 너는 꾸지 아니할 것이요, 너를 머리가 되고 꼬리가 되지 않게 하신다고 하였다. 그리고 하나님의 말씀은 내 발의 등이요, 내 길에 빛이라고 하였으며, 내가 주께 범죄하지 아니하려고 하나님의 말씀을 내 마음에 두었다고 하였다.

셋째, 하나님께 쉬지 말고 열심히 기도하자. 기도는 하나님의 능력을 받는 통로이고 하나님과의 대화이므로 하나님과 올바른 관계를 잘 유지하기 위해서는 하나님께 열심히 기도하여야 한다. 그러므로 모든 일을 시작할 때든지 마칠 때든지 항상 하나님께 기도로 시작하고 기도로 끝마치는 생활을 하므로 기도 쉬는 죄를 범하는 일이 없도록 하여야 한다.

하나님께서는 환난 날에 나를 부르라 내가 너를 건지리니 네가 나를 영화롭게 한다고 하였으며, 아무것도 염려하지 말고 다만 모든 일에 기도와 간구로 너희 구할 것을 감사함으로 하나님께 아뢰라 그리하면 모든 지각에 뛰어난 하나님의 평강이 그리스도 예수 안에서 너희 마음과 생각을 지키신다 하였다. 또한, 내 이름으로 일컫는 백성이 그들의 악한 길에서 떠나 스스로 낮추고 기도하여 내 얼굴을 찾으면 내가 하늘에서 듣고 그들의 죄를 사하고 그들의 땅을 고쳐 주신다고 하였다.(대하 7:14)

"너희가 내 안에 거하고 내 말이 너희 안에 거하면 무엇이든지 원하는 대로 구하라 그리하면 이루리라"(요 15:7)고 하였으니 우리들은 날마다 우리 주님을 나의 주인으로 모시고 항상 주님과 동행하는 삶을 살아가면서 하나님께 감사하는 찬송을 부르고, 하나님 말씀을 지켜 행하며, 하나님께 열심히 기도하면서 매일 매일 하나님께 영광을 돌려 드리고 하나님이 기뻐하시는 삶을 살아가는 자가 되어야 한다.

하나님을 기쁘시게 하는 자

하나님의 자녀가 된 우리가 어떻게 살아가야 하나님께서 기뻐하시는지 성경에 기록된 말씀을 통하여 알아본다. 십계명에서는 나를 사랑하고 내 계명을 지키는 자에게는 천대까지 은혜를 베푸신다(출 20:6) 하였으며, 시편 기자는 여호와를 기뻐하라 그가 네 마음의 소원을 네게 이루어 주신다(시 37:4)고 하였고, 잠언에서는 인자와 진리가 네게서 떠나지 말게 하고 그것을 네 마음판에 새기라, 그리하면 네가 하나님과 사람 앞에서 은총과 귀중히 여김을 받는다(잠 3:3~4) 하였다. 그리고 에녹은 그가 죽음을 보지 않고 옮겨지기 전에 하나님을 기쁘시게 하는 자라 하는 증거를 받았다(히 11:5)고도 하였다. 여기서 인자와 진리가 네게서 떠나지 말게 하고 그것을 네 마음판에 새기라고 한 말씀에 대하여 더 자세히 알아보기로 한다.

첫째, 주님이 우리 안에서 떠나가시면 우리는 믿음이 없는 자가 된다. 그리고 믿음이 없이는 하나님을 기쁘시게 못하며 하나님에게 나아가는 자는 반드시 그가 계신 것과 또한 그가 자기를 찾는 자들에게 상 주시는 이심을 믿어야 한다(히 11:6)고 하였으며, 너희는 믿음 안에 있는가. 너희 자신을 시험하고 너희 자신을 확증하라 예수 그리스도께서 너희 안에 계신 줄을 너희가 스스로 알지 못하느냐 그렇지 않으면 너희는 버림받은 자가 된다(고후 13:5)고 하였다. 그러므로 우리들은 우리 안에 항상 주님을 나의 주인으로 모시고 주님과 동행하는 삶을 살아가야 한다.

"내가 그리스도와 함께 십자가에 못 박혔나니 그런즉 이제는 내가 사는 것이 아니요, 오직 내 안에 그리스도께서 사시는 것이라 이제 내가 육체 가운데 사는 것은 나를 사랑하사 나를 위하여 자기 자신을 버리신 하나님의 아들을 믿는 믿음 안에서 사는 것이라"(갈 2:20) 하였다.

둘째, 진리는 하나님의 말씀을 의미하며, 그 말씀을 우리 마음판에 새기라는 것은 그 말씀을 암송하라는 것이다. 즉 말씀을 암송하여야 어디서나 묵상이 가능하게 된다. 그리고 이 율법 책을 네 입에서 떠나지 말게 하고 주야로 그것을 묵상하여 그 안에 기록된 대로 다 지켜 행하면 네 길이 평탄하게 되고(수 1:8) 네가 하는 모든 일이 다 형통하게 된다(시 1:3)고 하였으며, 너를 세계 모든 민족 위에 뛰어나게 하시고 네 몸의 자녀와 네 토지의 소산이 복을 받고 네가 들어와도 복을 받고 나가도 복을 받을 것이며, 너를 대적하기 위해 일어난 적군들이 너를 치러 한길로 들어왔으나 네 앞에서 일곱 길로 도망한다(신 28:1~7)고 하였다.

그러므로 그 말씀을 너는 마음에 새기고 네 자녀에게 부지런히 가르치고 집에 앉았을 때든지 길을 갈 때에든지 누워 있을 때든지 일어날 때든지 항상 그 말씀을 묵상하라고 하셨다.(신 6:6~7) 예수님도 마귀의 시험을 받을 때에 말씀으로 다 물리치셨다. 그러므로 우리들도 말씀과 기도로 늘 승리하는 삶을 살아가야 한다.

때를 얻든지 못 얻든지 말씀을 전파하는 일에 항상 힘쓰며(딤후 4:2) 우리에게 어떤 죄가 있으면 하나님과의 사이에 담이 생기므로 즉시 회개하여 죄 사함을 받아야 하며 항상 하나님과 올바른 관계를 잘 이루어야 한다. 또한 선을 행함과 서로 나누어 주기를 잊지 말고(히 13:16) 날마다 우리의 삶이 찬송과 감사로 하나님께 영광을 돌리고 하나님이 기뻐하시는 뜻을 따라 살아가야 한다.

"너희가 내 안에 거하고 내 말이 너희 안에 거하면 무엇이든지 원하는 대로 구하라 그리하면 이루리라"(요 15:7)

이렇게 말씀을 암송하고 실천하는 삶을 사는 것이 하나님을 기쁘시게 하는 자의 삶이 될 것이다.

하나님께 맡기는 삶

"너는 내게 부르짖으라. 내가 네게 응답하겠고 네가 알지 못하는 크고 은밀한 일을 네게 보이리라."(렘 33:3)

기도할 수 있는데 왜 걱정하는가? 하나님께 기도하면 하나님께서는 우리들의 기도에 응답해주시고 모든 문제를 선한 방법으로 해결해 주시며 우리들의 앞길을 평탄한 길로 인도해 주신다.

하나님은 우리들이 이 세상에서 평안을 누리면서 잘 살아가기를 원하고 계신다. "여호와의 말씀이니라. 너희를 향한 나의 생각을 내가 아나니 평안이요, 재앙이 아니니라. 너희에게 미래와 희망을 주는 것이니라. 너희가 내게 부르짖으며 내게 와서 기도하면 내가 너희들의 기도를 들을 것이요 너희가 온 마음으로 나를 구하면 나를 찾을 것이요 나를 만나리라."(렘 29:11~13)

또한 주님은 사람의 과실을 용서하라 하였으며, 서로 다투지 말라(마 6:15)고 하였다. 또한 아무에게도 악을 악으로 갚지 말고 모든 사람으로 평화하고 선으로 악을 이기라고 하였고,(롬 12:17~18) 그리고 원수 갚는 것도 하나님에게 맡기라고 하였으니,(롬 12:19) 우리들이 가진 문제들을 서로 사랑하는 마음과 용서하는 마음과 화평케 하는 마음으로 모두 하나님께 맡기는 것이 합당하다고 생각된다.

하나님께서는 너희 염려를 다 주께 맡기라 그리하면 하나님께서 너희를 돌보신다.(벧전 5:7)고 하였으며, 너의 행사를 하나님께 맡기라 그리하면 네가 경영하는 것이 이루어지게 된다고 하였다.(잠 16:3)

그리고 "네 길을 여호와께 맡기라 그를 의지하면 그가 이루시리라. 네 의를 빛같이 나타내시며 네 공의를 정오의 빛같이 하신다고 하였고,(시 37:5~6) 네 짐을 여호와께 맡기라 그가 너를 붙드시고 의인의 요동함을 영원히 허락하지 아니하신다고 하였다.(시 55:22)

우리들의 사랑이 없는 행동은 아무 유익이 없고,(고전 13:3) 우리들이 하나님을 사랑한다면서 서로 사랑해야 하는 것은 자명한 이치이다. 우리 모든 믿는 자들이 사랑으로 한마음 한뜻이 되어 하나님께 더 큰 영광을 돌려 드리는 자가 되고, 서로 사랑하는 마음으로 다른 사람들의 허물을 덮어주고, 도와주고, 나누어주고, 막아주는 선한 행동을 한다면 하나님이 기뻐하시는 삶을 살 수 있을 것이다.

고난은 영적 성장의 과정이라고 했다.(시 119:71) 고난을 통해 모든 성도님들이 더 열심히 기도하고 하나님을 의지하고 경외함으로 영적으로 더욱 성장하는 기회가 되어야겠다.

이 세상의 모든 정욕과 욕망은 십자가에 모두 못 박아 버리고 날마다 주님이 내 안에 계신지 확인하면서 항상 주님과 동행하는 삶을 살아가야 한다(고후 13:5) 우리들이 서로를 미워하기를 그치지 않는다면 우리 안에 계신 주님과 멀어지게 된다. 그렇게 되면 내 생명도 헛되고 믿음도 없는 자가 되어버릴 것이다. 그러므로 우리들은 이 세상의 모든 일을 하나님께 맡기고 하나님의 말씀에 순종하는 삶을 살아야겠다. 그렇게 될 때, 성령님의 인도하심대로 살 수 있다.

말씀과 기도를 병행하라

　기차가 앞으로 나아가기 위해서는 반드시 두 가닥의 레일이 있어야 한다. 마찬가지로 믿음의 성장도 영적으로 올바르게 성장하려면 반드시 말씀과 기도가 병행하여야 한다. 기도는 다른 종교에서도 하는 것인데 기도의 대상이 다를 뿐이다. 그런데 말씀을 잘 모르는 상태에서 기도만 계속하면 잘못되어질 수도 있다. 그러면 우리가 어떻게 생활하면 영적으로 올바르게 성장할 수 있고 어려운 문제들을 해결할 수 있는지 성경에서 알아보기로 한다.
　첫째로 우리가 주님 안에 거하고 말씀이 우리 안에 거하게 한다. 우리들이 주님 안에 거한다는 말은 우리 안에 주님을 손님으로 모셔 두기만 하고 내 생각대로 살아가는 것이 아니고 우리 주님을 나의 주인으로 모시고 주님과 동행하는 삶을 살아가는 것을 말한다. 즉 내가 그리스도와 함께 십자가에서 죽고 오직 주님이 내 안에서 사시는 것이다.(갈 2:20) 또한 누구든지 하나님의 말씀을 지키는 자는 하나님의 사랑이 참으로 그 속에서 온전하게 되고 우리가 그의 안에 있는 줄을 알게 되며, 그의 안에 산다고 하는 자는 그가 행하시는 대로 자기도 행하여야 한다(요일 2:5~6)고 하였으니 행함이 있는 믿음이 있는 자가 되어야 한다.

그리고 말씀이 우리 안에 거하게 하기 위해서는 날마다 성경 말씀을 사람의 말로 받지 아니하고 하나님의 말씀으로 받아들여야 하며, 그의 말씀을 열심히 읽고, 듣고, 배우고, 암송하여 그의 말씀을 묵상하면서 기도하여야 한다. 성경은 구약이 929장, 신약이 260장 모두가 1,189장이므로 1일 5장을 읽으면 238일이면 1독을 하게 된다. 그러므로 마음만 정하면 누구나 1년에 1독을 할 수 있다. 오직 여호와의 율법을 즐거워하여 그의 율법을 주야로 묵상하는 자는 그가 하는 모든 일이 형통하게 된다(시 1:3)

그리고 포도나무 가지가 포도나무에 붙어있지 않으면 스스로 열매를 맺을 수 없듯이 우리가 주님 안에 있지 않으면 믿음도 없는 자가 되고 우리 생명도 헛것이 되고 만다. 예수님께서 나를 믿는 자는 내가 하는 일을 그도 할 수 있다(요 14:12)고 하셨고 너희가 내 안에 거하고 내 말이 너희 안에 거하면 무엇이든지 원하는 대로 이루리라(요 15:7)고 하였다.

둘째로 일천번제 예배를 드린다. 솔로몬 왕은 일천번제를 하나님에게 드렸을 때 꿈에 하나님이 나타나셔서 내가 네게 무엇을 줄꼬 너는 구하라(왕상 3:5) 하셨으며, 솔로몬 왕은 송사를 듣고 분별하는 지혜를 구하자 그것을 주셨다. 일천번제 예배는 매일 30분~1시간 (사도신경, 찬송, 말씀, 기도, 헌금, 주기도)을 1회 이상 드리되, 기도 내용은

국가와 교회, 이웃과 친지, 가족과 자신을 위한 기도를 한다.

야베스가 하나님께 간절히 기도하여 주께서 내게 복을 주시려거든 나의 지역을 넓히시고 주의 손으로 나를 도우사 나로 환난을 벗어나 내게 근심이 없게 하옵소서. 하였더니 하나님이 그가 구하는 것을 허락하셨다.(대상 4:10) 솔로몬 왕과 야베스의 기도를 응답해 주신 하나님께서 우리의 기도도 응답해 주셔서 어떤 문제도 다 해결해 주실 것을 확실히 믿는다.

시편 기자는 내가 주께 범죄 하지 아니하려 하여 주의 말씀을 내 마음에 두었다(시 119:11)고 하였고 청년이 무엇으로 그의 행실을 깨끗하게 하리이까. 주의 말씀만 지킬 따름이다(시 119:9)고 하였으며, 여호와의 율법은 완전하여 영혼을 소성시키며, 여호와의 증거는 확실하여 우둔한 자를 지혜롭게 하며, 여호와의 교훈은 정직하여 마음을 기쁘게 하고 여호와의 계명은 순결하여 눈을 밝게 한다.(시 19:7~8)고 하였다.

우리가 말씀을 알고도 그대로 살지 않으면 고의로 죄를 범하게 되므로 하나님의 말씀으로 경고를 받고 그의 말씀을 지키므로 하나님이 주시는 복과 상을 받아 누리는 삶을 살아가야 하겠다.

하나님 말씀을 생활화 하자

그리스도인은 하나님의 말씀대로 생활을 해야 한다. 왜냐하면 하나님의 말씀을 매일 묵상하고 그 말씀대로 지켜 행하면 모든 복이 네게 임하며 네가 하는 모든 일이 다 형통하게 된다고 성경에 기록되어 있기 때문이다.(신 28:1~6, 시 1:1~3)

하나님 말씀을 받을 때에는 사람의 말로 받지 아니하고 하나님의 말씀으로 받아야 하고(살전 2:13) 사람에게 한 번 죽는 것은 정해진 것이요, 그 후에는 심판이 있다(히 9:27)라고 하였고, 하나님은 모든 행위와 모든 은밀한 일을 선악 간에 심판하신다(전 12:14)라고 하였으니 우리 모든 성도님들의 행동이 하나님 앞에서 심판 받을 때에 잘했다고 칭찬을 받을지 책망을 받을지 생각을 해보고 행동하여야 한다. 교회 안에서나 밖에서 행동하고 있는 일들 가운데 반드시 시정하여야 할 사항들을 몇 가지 적어 본다.

첫째, 예수님을 주인으로 모시고 살지 않는 행위이다. 우리 안에 주님을 손님으로 모셔 두기만 하고 내 생각대로 내 마음대로 생활하지 말고 주님을 나의 주인으로 모시고 주님과 항상 동행하는 삶을 살아가야 한다. "내가 그리스도와 함께 십자가에 못 박혔나니 그런즉 이제는 내가 사는 것이 아니요 오직 내 안에 그리스도께서 사시는 것이라"(갈 2:20)

둘째, 찬송보다 세상적인 노래를 더 좋아하는 행위이다. "이 백성은 내가 나를 위하여 지었나니 나를 찬송하게 하려 함이라"(사 43:21)라고 하였으며 "그런즉 너희가 먹든지 마시든지 무엇을 하든지 다 하나님의 영광을 위하여 하라"(고전 10:31)라고 되어 있다. 그런데 교회에서 야외 행사를 할 때에는 세상적인 노래를 불러도 괜찮다고 인도하는 자를 가끔 볼 수 있는데 과연 그렇게 해도 하나님이 심판 때에 칭찬하실 것인지 생각해 보아야 한다.

셋째, 하나님 말씀보다 세상적인 지식을 더 중요하게 생각하는 행위이다. 하루의 일과를 시작하기 전에는 먼저 하나님의 말씀을 읽거나 새벽기도회에 참여하는 일을 더 귀중하게 생각하여야 하며, 세상적인 신문을 먼저 보고 세상적인 연속극을 더 좋아하는 것보다는 오직 주의 말씀을 열심히 읽고, 듣고, 암송하고 묵상하는 것을 더 중요하게 생각하여야 한다. "이 율법 책을 네 입에서 떠나지 말게 하며 주야로 그것을 묵상하여 그 안에 기록된 대로 다 지켜 행하라 그리하면 네 길이 평탄하게 될 것이며 네가 형통하리라"(수 1:8)

넷째, 기도를 게을리하는 행위이다. 기도는 하나님의 능력을 받는 통로이고 하나님과의 대화이므로 하나님과 올바른 관계를 잘 유지

하기 위해서는 쉬지 말고 기도하라(살전 5:17)라고 하셨다. 기도하면 하나님께서 모든 문제를 해결해 주시기 때문이다. 그러므로 무슨 일을 시작할 때에든지 마칠 때에든지 항상 기도하는 마음으로 생활하므로 기도 쉬는 죄를 범하지 않도록 하여야 한다.

다섯째, 범사에 감사하지 않는 행위이다. 너희는 범사에 감사하라(살전 5:18)라고 하였는데 모든 일에 있어서 불평하고 원망하면 마귀가 제일 좋아할 것이다. 모든 일에 있어서 하나님에게 감사하고 하나님에게 찬양을 돌리는 일은 하나님이 가장 기뻐하시고 하나님으로부터 복 받는 길이며, 화목한 교회와 가정이 될 것이다.

이 세상의 어떤 것도 하나님보다 더 사랑하면 그것이 우상이 된다고 하였으므로 우리들의 모든 일을 하나님의 말씀대로 행동하여야 한다. 예수님께서 말씀하시기를 나더러 주여 하는 자마다 다 천국에 들어갈 것이 아니요, 다만 하늘에 계신 내 아버지의 뜻대로 행하는 자라야 들어가리라(마 7:21)고 하였고 사람이 거듭나지 아니하면 하나님의 나라를 볼 수 없느니라(요 3:3)고 했으므로 유혹의 욕심을 따라 살아가는 옛사람은 벗어버리고 하나님을 따라 의와 진리의 거룩함으로 지으심을 받은 새사람을 입어야 하겠다.(엡 4:22~24)

복 받는 자의 길

세상 사람들은 모두 복 받기를 원하며, 복을 받기 위해 온갖 노력을 한다. 성경에도 어떻게 해야 복을 받는지에 대해 여러 곳에 기록되어 있다.

첫째, 하나님의 말씀대로 살아가는 자가 복을 받는다. 미국의 링컨 대통령은 가난하여 학교에서 공부는 많이 못했지만 하나님의 말씀대로 살아가라는 어머니의 말씀대로 산 결과 미국의 유명한 대통령이 되었다. 하나님의 말씀을 삼가 듣고 그의 모든 명령을 지켜 행하는 자는 세계 모든 민족 위에 뛰어나게 하실 것이고 하나님의 말씀을 청종하면 성읍에서도 복을 받고 들에서도 복을 받을 것이며, 네 자녀와 네 토지의 소산이 복을 받고 네가 들어와도 복을 받고 나가도 복을 받을 것(신 28:1~6)이라고 하였다.

또 이 율법 책을 네 입에서 떠나지 말게 하며 주야로 그것을 묵상하여 그 안에 기록된 대로 다 지켜 행하라 그리하면 네 길이 평탄하게 될 것이며 네가 형통하리라(수 1:8)고 하였으며, 시편 1편에서도 복 있는 자는 오직 여호와의 율법을 즐거워하여 그의 율법을 주야로 묵상하는 자는 그가 하는 모든 일이 다 형통하게 된다(시 1:1~3)고 말하고 있다. 그리고 이 예언의 말씀을 읽는 자와 그 가운데 기록한 것을 지키는 자는 복이 있다(계 1:3)고도 했다.

둘째, 말씀과 기도로 준비하는 자가 복을 받는다. 기차가 앞으로 나아가기 위해서는 반드시 두 가닥의 레일이 있어야 한다. 마찬가지로 우리의 믿음이 성장하고 복 받기 위해서는 말씀과 기도가 꼭 필요하다. 우리가 주님 안에 거하고 하나님의 말씀이 우리 안에 거하면 무엇이든지 원하는 대로 구하라 그리하면 이루어 주신다(요 15:7)라고 하였다.

우리들이 주님 안에 거한다는 말은 내 안에 우리 주님을 주인으로 모시고 주님과 동행하는 삶을 살아가는 것을 말하며, 누구든지 하나님의 말씀을 지키는 자는 하나님의 사랑이 그 속에서 온전하게 되었고 우리가 그의 안에 있는 줄을 아는 것(요일 2:5~6)이라고 하였다.

우리 안에 하나님의 말씀이 거하게 하기 위해서는 날마다 하나님의 말씀을 사람의 말로 받지 아니하고 하나님의 말씀으로 받아들여야 하며, 하나님의 말씀을 열심히 읽고, 듣고, 배우고, 암송하고 묵상하여야 한다.

셋째, 하나님을 기쁘시게 하는 자가 복을 받는다. 여호와를 기쁘시게 하면 그가 네 마음의 소원을 네게 이루어 주신다(시 37:4)고 하였고 우리에게 죄가 있으면 하나님과 사이에 담이 생기므로 즉시 회개하여 죄 사함을 얻어야 하며, 항상 하나님과 올바른 관계, 즉 조화를 잘 이루어야 한다. 그리고 선을 행함과 나누어주기를 잊지 말고(히 13:16) 날마다 우리들의 삶이 찬송과 감사로 하나님을 기쁘시게 하며, 하나님께 영광을 돌리는 삶을 살아가야 한다. 즉 우리들의 삶이 하나님 제일주의의 삶이 되고 하나님 중심의 삶을 살아갈 때 하나님의 마음에 합한 자가 될 것이다.

넷째, 산상보훈대로 살아가는 자가 복을 받는다. 예수님께서 복이 있는 자는 심령이 가난한 자, 애통하는 자, 온유한 자, 의에 주리고 목마른 자, 긍휼히 여기는 자, 마음이 청결한 자, 화평케 하는 자, 의를 위해 박해를 받은 자가 복을 받는다고 말씀하셨다. 그 말씀대로 살아가기 위해 계속해서 노력하여야 한다.

"심령이 가난한 자는 복이 있나니 천국이 그들의 것임이요. ⋯의를 위하여 박해를 받은 자는 복이 있나니 천국이 그들의 것임이라"(마 5:3~10)

다섯째 온전한 십일조를 드리는 자가 복을 받는다. 모든 수입의 십의 일은 하나님의 것으로 생각하고 하나님께 드리면 복을 주신다고 하셨다.

"만군의 여호와가 이르노라 너희의 온전한 십일조를 창고에 들여 나의 집에 양식이 있게 하고 그것으로 나를 시험하여 내가 하늘 문을 열고 너희에게 복을 쌓을 곳이 없도록 붓지 아니하나 보라"(말 3:10)

성경 암송의 동기

성경에서 말씀을 암송하고 주야로 그것을 묵상하여 다 지켜 행하면 네 길이 평탄하게 될 것이며 네가 형통하리라고 하였으며,(수 1:8) 복 있는 사람은 말씀을 즐거워하여 주야로 묵상하는 자이며 그가 하는 모든 일이 형통하리라고 하였으며,(시 1:3) 말씀을 읽는 자와 듣는 자와 그것을 지키는 자가 복이 있다고 하였습니다.(계 1:3)

성경암송에 대하여

통계에 의하면 성경을 글로 읽는 것은 15%가 기억에 남고 시청각으로 보는 것은 25%가 기억에 남는다. 그리고 손으로 쓰는 것은 40%가 기억에 남고 암송한 것은 100%가 기억에 남는다고 한다. 이러한 통계가 성경 암송이 얼마나 중요함을 알려준다. 그런데 일반 성도들은 성경 암송은 어렵다고 생각하고 해보지도 않고 중단하는 경우가 많이 있다.

과거 현대 그룹의 회장인 정주영 씨는 '직원들이 이것은 힘들고 어려워서 가능성이 없습니다.'라고 건의하면 한 번 해봤느냐고 질문을 하며 해보지도 않고 부정적인 말을 한다고 야단을 쳤다고 한다.

누구든지 주기도문을 암송하는 자는 성경 암송을 할 수 있다고 생각 된다. 예수님께서 말씀하시기를 너희가 내 안에 거하고 내 말이 너희 안에 거하면 무엇이든지 원하는 대로 구하라 그리하면 이루리라고 하였다(요 15:7).

첫째로 성경 암송은 노력하면 된다. 이 세상에서 노력 없이 되는 일은 없다. 성경에서 내게 능력 주시는 자 안에서 내가 모든 것을 할 수 있다(빌 4:13)라는 말씀을 믿고 처음부터 너무 많이 성경 암송을 하려고 하지는 말고 시편 23편 하나부터 시작한다. 주기도문을 암송하듯이 매일 암송할 부분을 읽고 암송하면 된다. 조용기 목사님은 시편 23편을 매일 암송하면서 모든 두려움을 물리치고 마음의 평안을 받았다고 하였다.

예수님께서도 마귀의 시험을 받았을 때에 마음에 새겨져 있던 말씀으로 물리치셨다. 우리가 날마다의 삶 속에서 승리하기 위해서는 성령의 검인 하나님의 말씀이 암송을 통하여 마음에 새겨져 있어야 한다. 시편 기자도 내가 주께 범죄하지 아니하려 하여 주의 말씀을 내 마음에 두었다 하였으며(시 119:11) 하나님의 말씀이 너희 속에 거하시면 흉악한 자를 이기었다고 하였다.(요일 2:14).

둘째로 암송한 것을 매일 반복한다. 한번 암송한 것을 매일 반복하지 않으면 얼마 동안 지나가면 기억이 나지 않게 된다. 그러므로 암송한 내용을 매일 반복하여야 한다. 소가 먹었던 풀을 되새김질 하듯이 마음에 새겨져 있는 성경 말씀을 매일 반복하는 것이 매우 중요하다. 시편 기자도 복 있는 사람은 오직 여호와의 율법을 즐거워하여 그의 율법을 주야로 묵상하는 자는 그가 하는 모든 일이 형통하게 된다고 하였으며(시 1:1~3) 이 율법책을 네 입에서 떠나지 말게 하며 주야로 그것을 묵상하여 그 안에 기록된 대로 다 지켜 행하라 그리하면 네 길이 평탄하게 되고 네가 형통하게 된다고 하였다.(수 1:8)

셋째로 자녀에게 성경 말씀을 가르쳐야 한다. 세계에서 머리가 좋기로 가장 뛰어난 민족은 유대민족이라고 한다. 유대민족은 자녀들을 어려서부터 성경 말씀을 열심히 가르치고 그 말씀대로 지키며 행동하도록 교육을 한다. 성경에서 너는 이 말씀을 마음에 새기고 네 자녀에게 부지런히 가르치며 집에 앉았을 때에든지 길을 갈 때에든지 누워 있을 때에든지 일어날 때에든지 이 말씀을 강론하라고 하셨으며(신 6:5~7) 마땅히 행할 길을 아이에게 가르치라 그리하면 늙어도 그것을 떠나지 아니한다고 하였다(잠 22:6)

성경을 암송하는 것이 쉽지는 않지만 내가 경험한 바에 의하면 시편 23편 하나 암송하는 것은 그다지 어렵지 않다고 생각된다. 만일 성경 암송이 잘 안될 경우에는 하나님께 암송할 수 있는 지혜를 주시도록 기도하면 모든 사람에게 후히 주시고 꾸짖지 아니하시는 하나님께서 주실 것이다.(약 1:5) 성경을 암송하면 치매도 예방되며. 치유기도도 가능하게 되며. 인격이 변화되고 믿음의 확신과 마음의 평안을 누리게 되고 모든 두려움이 사라지게 될 것이다.

성경 암송의 동기

나는 국가공무원으로 전파관계 부서에서 40년간 근무하고 1999년 3월에 4급(서기관)으로 퇴직하였다. 퇴직하기 전에 성경을 손으로 한 번 쓰기로 결심하고 퇴직하기 3년 전부터 성경 66권을 손으로 쓰기 시작하여 3년간에 요한 계시록 몇 장만 남겨두었다. 그때에 갑자기 눈이 가려워서 책을 볼 수 없는 눈병에 걸렸다. 눈에 약을 넣어도 아무런 효과가 없었고 좀처럼 낫지 않았다.

그 후 약 20일이 지났을 때에 가장 큰 처형님(대구 남산교회 권사)이 우리 집에 찾아왔다. 그래서 내 눈에 약을 써도 낫지 않는 병이 걸렸다고 말했더니 나를 눕게 하고 눈 위에 손을 얹어 기도하기 시작했다. 약 5분이 지났을 때에 눈동자가 빠져나갈 것같이 아파서 손을 떼고 싶었지만 참고 있었다. 그 후 약 3분 후에는 아픈 증상이 깨끗이 없어지고 완전히 정상적인 눈으로 회복되었다.

그래서 이러한 치유은사를 나도 받아야 되겠다고 결심하고 영성 치유 상담사 1급과 우울증 치유 상담사 1급 자격증을 받기 위해 2년간 공부를 하였다. 그때 배운 말씀 중에서 치유와 기도에 관한 말씀 33개(성경 암송 및 치유은사 책자 1~33번)를 선정하여 암송하기 시작하여 2년간 그것을 매일 반복해서 암송하고 찬송과 기도를 열심히 하였다.

그 후에 믿음과 전도와 말씀에 관한 말씀 등을 계속 추가하여 200개의 말씀을 암송하게 되었다. 33개 말씀을 암송한 이후부터는 머리가 아프고 열이 났을 때와 여러 차례 무릎이 아프고 다리가 아플 때와 손목에 혹이 발생되었을 때에 위 책자의 '치유사역의 실제' 방법대로 기도하였더니 하나님께서 다 고쳐주셨다. 성경에서 예수님을 나의 구주로 믿는 모든 자에게 치유은사를 선물로 주셨으며, 원수 마귀의 모든 능력을 제어할 능력까지도 주셨다.

"하나님을 믿는 자들에게는 이런 표적이 따르리니 곧 그들이 내 이름으로 귀신을 쫓아내며…, 병든 사람에게 손을 얹은즉 나으리라"(막 16:17~18)라고 하였고, "내가 너희에게 뱀과 전갈(마귀를 뜻함)을 밟으며 원수의 모든 능력을 제어할 권능을 주었으니 너희를 해칠 자가 결코 없으리라"(눅 10:19)라고 하였으며, 하나님은 예수님에게 하늘과 땅의 모든 권세를 주셨고(마 28:18) 하나님이 그를 지극히 높여 모든 이름 위에 뛰어난 이름을 주사 하늘에 있는 자들과 땅에 있는 자들과 땅 아래에 있는 자들로 모든 무릎을 예수님의 이름에 꿇게 하였다.(빌 2:9~10)

예수님이 십자가를 지고 가실 때 우리들의 질병까지도 짊어지고 가셨으며,(사 53:5) 하나님은 우리를 치료하시는 이시고(출 15:26)(시

103:1~5) 하나님을 믿는 우리에게는 치료하는 광선을 비추신다고 하였다.(말 4:2)

예수님을 영접한 자 곧 그 이름을 믿는 자들에게는 하나님의 자녀가 되는 권세를 주셨고(요 1:12) 택하신 족속이고 왕 같은 제사장이라고 하셨으며(벧전 2:9) 예수님이 하신 일을 너희도 하겠다고 하였다.(요 14:12) 그러므로 예수님을 나의 구주로 믿는 우리들도 예수님이 하신 일 중의 하나인 병 고치는 일도 할 수 있다.

너희가 내 안에 거하고 내 말이 너희 안에 거하면 무엇이든지 원하는 대로 구하라 그리하면 이루어 주신다(요 15:7)라고 하셨고 너희는 하나님께 복종할지어다. 마귀를 대적하라 그리하면 너희를 피하게 된다(약 4:7)라고 하였다.

성경에서 말씀을 암송하고 주야로 그것을 묵상하여 다 지켜 행하면 네 길이 평탄하게 될 것이며 네가 형통하리라고 하였으며,(수 1:8) 복 있는 사람은 말씀을 즐거워하여 주야로 묵상하는 자이며 그가 하는 모든 일이 형통하리라고 하였으며,(시 1:3) 말씀을 읽는 자와 듣는 자와 그것을 지키는 자가 복이 있다고 하였다.(계 1:3)

성경 암송이 쉽지는 않지만, 누구든지 노력하면 할 수 있다. 성경 암송 방법대로 암송하고 반복하면 된다. 누구든지 지혜가 부족하면 하나님에게 구하면 주신다고 하였다.(약 1:5)

성경 암송의 중요성

하나님의 말씀은 살아있고 활력이 있는 능력의 말씀이다. 이 말씀을 나의 것으로 만들기 위해서는 열심히 읽고, 듣고, 배우고, 암송하고, 묵상하여야 하는데 그중에서 가장 중요한 것은 암송하는 것이라고 생각된다. 유대인들은 하나님의 말씀을 마음에 새기고 부지런히 자녀에게 가르치기를 잘하였기 때문에 세계에서 노벨상을 받은 자가 제일 많고 미국 사회를 그들이 이끌어 가고 있다.

암송을 통해 우리의 인격이 변화되고 성령 충만케 되며 마귀를 물리치는 성령의 검을 가지게 되므로 말씀의 능력과 권세로 마귀를 물리칠 수 있게 된다. 그리고 마음의 평안과 기쁨을 누리는 삶을 살아가게 되고 치매의 예방도 된다. 말씀을 암송하여 매일 그 말씀을 묵상하면 구체적으로 아래와 같은 유익과 능력이 있게 된다.

첫째, 모든 시험을 이기게 한다. 말씀을 암송하면 마귀를 쫓는 무기를 휴대하고 있고 마귀는 살인자요 거짓말쟁이(요 8:44)라는 정체를 알기 때문에 마귀를 능히 물리칠 수 있게 된다. 따라서 모든 시험을 이기게 한다. 그래서 성령의 검인 하나님의 말씀을 가지라(엡 6:17)고 하였고 하나님의 말씀이 너희 속에 거하면 너희가 흉악한 자를 이기게 된다(요일 2:14)고 하였으며, 믿는 자들에게는 이런 표적이 따르리니 곧 그들이 내 이름으로 귀신을 쫓아낸다(막 16:17)고 하였다 ,

둘째, 우리의 인격이 변화된다. 우리가 하나님의 사람으로 온전하게 되며, 우리의 생각과 말과 행동이 선하게 변화된다. 하나님의 말씀은 하나님의 사람으로 온전하게 한다(딤후 3:17)고 하였고 청년이 그 행실을 깨끗하게 하기 위해서는 주의 말씀만 지켜 행하라(시 119:9)고 하였다.

셋째, 확신과 위로를 받게 된다. 온갖 어려운 일을 당하여도 낙심하지 않고 이기게 되고 두려움이 없어지며, 마음의 평안과 기쁨을 누리게 된다. 답답한 일을 당하여도 낙심하지 아니하게 되고,(고후 4:8) 두려워하지 말라 하나님이 너와 함께 하여 주신다(사 41:10) 하였으며, 주의 법을 사랑하는 자에게는 큰 평안이 있으니 그들에게 장애물이 없게 된다.(시 119:165)

넷째, 효과적인 전도를 할 수 있다. 하나님의 말씀으로 전도할 때 전도가 잘되며, 열심히 전도하게 된다. 하나님의 말씀은 살아있고 활력이 있다는 것을 알게 되고,(히 4:12) 영접하는 자 곧 그 이름을 믿는 자들에게는 하나님의 자녀가 되는 권세를 주셨다.(요 1:12) 예수께서 이르시되 내가 곧 길이요 진리요 생명이니 나로 말미암지 않고는 아버지께로 올 자가 없다.(요 14:6)라는 말씀 등을 사용하여 효과적으로 전도하게 된다.

"너는 말씀을 전파하라 때를 얻든지 못 얻든지 항상 힘쓰라"(딤후 4:2)

다섯째, 다른 사람을 돕는다. 우리가 하나님과 이웃을 사랑하게 되어 선한 일을 하게 되고 다른 사람들을 도와주게 된다. 네 마음을 다하고 목숨을 다하고 뜻을 다하여 주 너의 하나님을 사랑하고 네 이웃을 네 자신과 같이 사랑하라(마 22:37~40)고 하였고 성경은 모든 선한 일을 행할 능력을 갖추게 된다.(딤후 3:17)고 하였으며, 오직 선을 행함과 서로 나누어주기를 잊지 말라(히 13:16)고 하였다.

여섯째, 능력 있는 기도를 한다. 말씀과 기도가 병행할 때 믿음이 성장되고 능력 있는 기도를 하게 되며, 어떻게 기도해야 하는 것을 알게 된다. 너희가 내 안에 거하고 내 말이 너희 안에 거하면 무엇이든지 원하는 대로 구하라 그리하면 이루어 주신다.(요 15:7) 하였고, 아무것도 염려하지 말고 다만 모든 일에 기도와 간구로 너희 구할 것을 감사함으로 하나님께 아뢰라 그리하면 하나님께서 너희 마음과 생각을 지켜주신다.(빌 4:6)고 하였다.

일곱째, 풍성한 말씀의 은혜를 받는다. 설교 내용이 잘 이해되어 은혜를 충만히 받게 되며, 모든 일을 하나님에게 맡기는 삶을 살게 되고 하나님 중심의 삶을 살게 된다. 너는 마음을 다하여 여호와를 신뢰하고 네 명철을 의지하지 말라(잠 3:5)고 하였고, 너희는 먼저 그의 나라와 그의 의를 구하라 그리하면 이 모든 것을 너희에게 더하시리라(마 6:33)고 하였다.

여덟째, 열심 있는 일꾼이 된다. 항상 주의 일에 더욱 힘쓰는 자가 되며, 열심히 주를 섬기게 된다. 너는 견실하며 흔들리지 말고 항상 주의 일에 더욱 힘쓰는 자들이 되라(고전 15:58)고 하였고, 너는 부지런하여 게으르지 말고 열심을 품고 주를 섬기라(롬 12:11)고 하였다.

아홉째, 형통한 삶을 살게 한다. 말씀대로 다 지켜 행하면 복 받는 길이 되고 그 길이 평탄하게 되고 형통한 삶을 살게 된다. 네가 네 하나님 여호와의 말씀을 청종하면 이 모든 복이 네게 임하며 네게 이르리니 성읍에서도 복을 받고 들에서도 복을 받을 것이며, 네가 들어와도 복을 받고 나가도 복을 받게 된다(신 28:2~3)고 하였고, 이 율법 책을 네 입에서 떠나지 말게 하며 주야로 그것을 묵상하여 그 가운데 기록된 대로 다 지켜 행하라 그리하면 네 길이 평탄하게 될 것이며 네가 형통하게 된다.(수 1:8)고 하였다.

열째, 묵상이 가능하고 믿음이 성장된다. 말씀을 암송하면 어디서나 언제든지 묵상이 가능해지고 필요할 때 사용이 가능하며, 믿음도 성장 된다. 오직 여호와의 율법을 즐거워하여 그의 율법을 주야로 묵상하는 자는 그가 하는 모든 일이 형통하게 된다.(시 1:2)고 하였고, 믿음은 들음에서 나며 들음은 그리스도의 말씀으로 말미암았느니라(롬 10:17)고 하였으며, 믿음이 그의 행함과 함께 일하고 행함으로 믿음이 온전하게 된다.(야 2:22)고 하였다.

성경 암송은 쉽지는 않지만, 누구든지 노력하면 할 수 있도록 하나님께서 만드셨다. 내게 능력 주시는 자 안에서 내가 모든 것을 할 수 있다.(빌 4:13)라고 하셨으니 이 말씀을 잘 보이는 곳에 붙여 놓고 한번 실천해 보기 바랍니다. 성경 암송 요절이 50개 이내는 매일 암송한 것을 반복하고 50개 이상은 암송한 것을 5등분하여 5일에 한 번씩 반복하면 됩니다.

"오늘 내가 네게 명하는 이 말씀을 너는 마음에 새기고 네 자녀에게 부지런히 가르치며 집에 앉았을 때에든지 길을 갈 때에든지 누워 있을 때에든지 일어날 때에든지 이 말씀을 강론할 것이며"(신 6:6~7)

성경 암송 방법

1. 암송할 말씀을 5번 정도 읽고 나서 그 내용이 길면 몇 개의 부분으로 나누어서 첫째 부분을 암송하고 그다음에는 둘째 부분까지 암송을 하고 그다음에는 셋째 부분까지 암송하고 그리고 전체를 암송한다. 암송할 때에는 내용을 보지 않고 암송하고 생각이 나지 않을 때는 다시 보도록 한다.

2. 암송한 내용을 잊어버리지 않도록 암송한 것을 매일 한 번씩 반복해서 암송을 하고 암송한 것이 많으면 5일에 한 번 반복해서 암송을 한다. "예를 들면 50개 요절을 암송했으면 전체를 5등분하여 하루에 10개씩 요절을 암송한다."

3. 말씀 내용 중에 단어가 계속 많이 들어 있을 때에는 단어의 첫 글자를 3개씩 묶어서 암송하면 순서대로 잘 암기할 수 있다.

*예를 들면 성령의 열매(9개)를 암송할 때 (사, 희, 화), (오, 자, 양),

(충, 온, 절)을 암송한다.(갈 5:22~23)

　사희화 : 사희화를 사희화로 잘못 기재했다.

　오자양 : 오대양은 있으나 오자양은 없다.

　충온절 : 충혼절은 있어도 충온절은 없다.

　*사랑의 속성(15개)은 (오, 온, 시), (자, 교, 무), (자, 성, 악), (불, 진, 참), (믿, 바, 견)을 암송한다.(고전 13:4~7)

　오온시 : 오산시와 온양시를 합하면 오온시가 된다.

　자교무 : 자기 스스로 교접되어지는 무우는 없다.

　자성악 : 자기 혼자 노력해서 된 자성악가이다.

　불진참 : 손님 대접을 잘못하면 불진참이 된다.

　믿바견 : 거세당한 개를 믿바견이라 불러본다.

　*악한 생각(12개)은 (음, 도, 살), (간, 탐, 악), (속, 음, 질), (비, 교, 우), (막 7:20~23)

　음도살 : 몰래 소를 잡으면 음도살 죄가 된다.

　간탐악 : 간음을 탐하는 자는 악한 사람이다.

　속음질 : 나무가 빽빽하면 속음질해야 한다.

　비교우 : 남과 비교하면 우매한 사람이 된다.

　*시편 18편 1~2절

　나의 힘이신 여호와여 내가 주를 사랑하나이다. 여호와는 나의 반석이시오, 나의 요새시오, 나를 건지시는 이시오, 나의 하나님이시오, 내가 그 안에 피할 나의 바위시오, 나의 방패시오, 나의 구원의 뿔이시오, 나의 산성이시로다.

　(반, 요, 건), (하, 바, 방), (구, 산)을 암송한다.

　반요건 : 요건을 절반밖에 못 갖춘 것이다.

하바방 : 할아버지 방을 하바방이라 불러 본다
구산 : 가장 높은 산은 십산이고 그다음은 구산이다.

3

치유기도 간증사례

　전국 장로회 연합회 등산회의 주관으로 자동차를 대절하여 가는 도중에 어떤 장로님이 자동차 안을 왔다 갔다 하면서 머리가 아프고 토할 것 같다고 하면서 매우 괴로워하였다. 그래서 산에 도착하여 그 장로님의 이마에 손을 얹어 보니 얼음장같이 차가웠다. 그 장로님을 나무 아래에 앉게 하고 그 장로님의 이마에 오른쪽 손을 얹어 위의 내용과 같이 치유기도를 하였더니 하나님께서 치료하여 주셨다.

치유 은사에 대하여

　치유 은사란 하나님의 능력과 권능을 힘입어 예수 그리스도의 이름으로 마귀를 쫓아내고 질병을 고치는 성령의 은사 중의 하나이다. 치유의 은사도 구원처럼 하나님의 아들을 믿는 자들에게 주신 하나님의 선물이다. 예수님이 말씀하시기를 나를 믿는 자는 내가 하는 일을 그도 할 것이요 또한 그보다 큰일도 할 수 있다(요 14:12)라고 하셨으니 예수님을 믿는 우리들도 마귀를 쫓아내고 병 고치는 일도 할 수 있다. 그리고 너희가 내 안에 거하고 내 말이 너희 안에 거하면 무엇이든지 원하는 대로 구하면 이루어 주신다(요 15:7)고 하였다.

　첫째, 믿는 자에게 치유 은사를 주심
　예수님을 영접한 자 곧 그 이름을 믿는 자들에게는 하나님의 자녀가 되는 권세를 주셨고(요 1:12) 믿는 자들에게는 이런 표적이 따르리니 곧 그들이 내 이름으로 귀신을 쫓아내며, 병든 사람에게 손을 얹은즉 나으리라고 하였으며(막 16:17~18) 내가 너희에게 뱀과 전갈을 밟으며 원수의 모든 능력을 제어할 권능을 주었으니 너희를 해칠 자가 결코 없다라고 하였고(눅 10:19) 너희는 하나님께 복종할지어다. 마귀를 대적하라 그리하면 너희를 피하게 된다라고 하였으며,(약 4:7) 자녀들아 너희는 하나님께 속하였고 또 그들을 이기었나니 이는 너희 안에 계신 이가 세상에 있는 자보다 크다라고 하였다.(요일 4:4)

둘째, 예수님이 오신 목적

예수님이 이 땅에 오신 목적도 우리들의 죄를 대속하시기 위함이며, 또한 이 세상 권세를 잡고 있는 마귀의 하는 일을 멸하려고 오셨다. 우리들이 마귀를 대할 때 십자가에서 원수를 제어하신 예수님의 승리를 바라보아야 하고 마귀는 이미 패배하였으며, 앞으로 완전히 패할 수밖에 없는 운명임을 믿어야 한다. 성경에서 하나님의 아들이 나타나신 것은 마귀의 일을 멸하려 하심이다.라고 하였으며(요일 3:8), 세상에서는 너희가 환난을 당하나 담대하라. 내가 세상을 이기었다라고 하셨고(요 16:33) 예수님이 십자가에서 우리들의 죄를 대속하시기 위해 죽으신 후 죽음의 권세를 이기시고 부활하시므로 하나님은 예수 그리스도에게 최고의 권위를 허락하셨으며(마 28:18), 하늘이나 땅이나 땅 아래에 있는 모든 자들의 무릎을 예수님의 이름에 꿇게 하셨다.(빌 2:9~10) 또한 예수님이 십자가를 지고 가실 때 우리들의 질병까지도 짊어지고 가셨으며,(사 53:5) 하나님은 우리의 모든 병을 고치시는 이시고(출 15:26),(시 103:3) 하나님을 믿는 우리에게는 치료하는 광선을 비추신다고 하였다.(말 4:2)

셋째, 치유 사역 준비사항

우리들이 이러한 치유사역을 하기 전에 먼저 우리들의 교만한 마음은 버리고 겸손히 자기를 낮추어야 하고 성령 충만을 위해 우리들의 모든 죄를 회개하고 말씀으로 무장하여야 한다. 성경에서 하나님이 교만한 자를 물리치시고 겸손한 자에게 은혜를 주신다 하였고(약 4:6) 너희가 회개하여 각각 예수 그리스도의 이름으로 세례를 받고 죄 사함을 받으라. 그리하면 성령을 선물로 받게 된다.라고 하였으며(행 2:38) 성령의 검 곧 하나님의 말씀을 가지라고 하였으며,(엡 6:17) 청년들아 내가 너희에게 쓴 것은 너희가 강하고 하나님의 말씀이 너희 안에 거하시며 너희가 흉악한 자를 이기었다라고 하였다.(요일 2:14)

넷째, 치유 사역의 실제

지금부터 선포기도(명령형 기도)를 시작하라.

'오늘 우리들에게 임할 회복과 치유를 갈망하면서 하나님에게 치유를 할 수 있는 하늘의 능력과 권능을 덧입혀 주시도록 간구하는 기도와 병행해서 저희들을 하나님의 귀한 자녀로 선택하여 주심을 감사드립니다. 그런데 지금까지 살아오면서 하나님의 말씀대로 살지 못한 저희들의 모든 죄를 이 시간 항복하고 회개하오니 용서하여 주시고 주님의 보혈로 씻어서 정결케 하여 주시고 다시는 그러한 죄를 범하지 않도록 의에 길로 인도하여 주시옵소서. 하나님께서 이 시간 하늘의 능력과 권능을 덧입혀 주셔서 흑암의 영과 병마를 다 물리칠 수 있도록 도와주시옵소서'라고 기도한 후 아래와 같이 선포 기도를 한다.

① 악령에게 억압당한 경우

환자의 머리 및 이마와 눈 또는 귀에 오른손 및 양손을 얹어서 기도한다. 사랑의 하나님 이 시간 하나님의 치료의 광선을 ○○에게 비추어 주셔서 온몸에 임하게 하여 주셔서 흑암의 영들을 모두 물리쳐 주시고 여호와의 천사들을 많이 보내주셔서 ○○를 둘러 진 치고 흑암의 영들을 모두 물리쳐 주시고 흑암의 영에서 빨리 건져 주세요 그리고 흑암의 영이 다시 들어오지 못하도록 온몸에 예수님의 십자가 보혈을 온몸에 발라 주시고 뿌려주세요 그래서 흑암의 영에서 빨리 건져 주셔서 ○○를 예수님의 나라로 옮겨 주세요. 그리고 ○○가 예수님을 구주로 모시고 예수님과 동행하는 삶을 살아가게 하여 주셔서 ○○가 정상적인 사람으로 살아가도록 깨끗이 치료하여 주시옵소서.

"이 시간 성령님께서 도와주시옵소서. ○○의 머리부터 발끝까지 온 몸에 붙어 있는 흑암의 영들을 모두 제거 시켜서 다시는 들어오지 못하도록 모두 묶어서 저 무저갱으로 던져 주시옵소서."

"○○의 머리부터 발끝까지 온몸에 붙어 있는 흑암의 영들은 예수님의 이름으로 명하노니 ○○에게서 모두 묶음을 받고 저 무저갱으로 모두 떠나갈지어다. 다시는 들어오지 말아라."

" "이 부분을 배 속에서 나오는 목소리로 힘차게 계속 반복한다.

치유 은사에 대하여 · 53

만일 소리를 내어 기도하는 것이 불가능할 때에는 귓속말로 기도하여도 마귀는 영이기 때문에 알아듣고 떠나간다. 그리고 현재 환자가 곁에 없거나 전화로 연결되어 있지 않은 경우에는 선포기도(명령형 기도)를 하지 말아야 한다. 그리고 어느 때에는 '예수님의 이름'보다 '예수님의 피'를 사용하는 것이 더 좋을 때가 있다.

② 질병의 경우
환자의 아픈 곳에 오른손을 얹어서 기도한다. 사랑의 하나님 이 시간 주님의 피 묻은 손으로 환처에 안수하여 주시고 하나님의 치료의 광선을 비추어 주셔서 깨끗이 건강이 회복되게 고쳐주시옵소서. 아픈 통증도 다 없어지게 하여 주시고 모든 기능이 정상적으로 회복되게 고쳐주시옵소서 이 시간 성령님께서 도와주시옵소서.

"○○를 아프게 하는 병마야 예수님의 이름으로 명하노니 ○○에게서 빨리 떠나가라 건강한 몸으로 빨리 회복 될지어다."
"   "이 부분을 계속 반복한다.

③ 우울증 환자의 경우
우울증 환자에게는 매일 한차례 기도를 하면서 말씀(시편)과 보혈 찬송을 부르도록 한다. 우울증이 심하여 기도를 하면 도망을 갈 때에는 병원(신경정신과)에 같이 가서 신경안정제를 복용하면서 매일 아침마다 기도를 부모가 하든지 목사님한테 가서 기도를 받아야 한다. 서서히 좋아지게 된다.
그러나 약을 복용하면 악한 영은 떠나가지 않는다. 악한 영의 경우는 약을 끊고 ①번 악령에 억압당한 경우와 같이 기도하여야 한다.

  본인이나 가족이나 주위에 병든 사람이 있으면 가서 허락을 구하고 환부에 손을 얹고 예수 그리스도의 이름으로 담대하게 질병이든 귀신이든 꾸짖으라, 묶으라, 그리고 나가라고 명하라 치유되고 온전해질 때까지 계속해서 하나님에게 고쳐주시도록 간구하는 기도와 병행해서 계속한다. 처음에는 잘 치유가 되지 않아도 포기하지 말고 환자에게 십자가에서 승리하시고 부활하신 예수님만을 생각하도록 하면서 계속해서 치유가 될 때까지 하나님에게 치유를 간구하는 기도와 병행해서 계속 선포 기도를 한다.

  만일 병 고침을 받았을 때에는 반드시 하나님께서 이 병을 고쳐주셨다고 말하고 내가 기도해서 병 고침을 받았다고 말하지 말아야 한다. 떠나갔다가 다시 들어오는 경우에는 또 다시 간구 기도와 선포 기도를 계속하고 그 후에는 본인이 간구 기도와 선포 기도를 하도록 훈련을 시킨다. 마지막으로 환자에게 축복 기도를 한다.

치유기도 간증사례

치유기도는 방언 은사를 받은 특별한 성도에게만 주시는 은사인 줄로 알고 있었다. 왜냐하면, 나의 눈에 눈병(가려움증)이 발병되어서 고생하다가 방언 기도를 받고 치료하였기 때문이다. 그런데 성경 말씀을 열심히 암송하고 매일 1회 예배를 드렸더니 방언 은사를 받지 않은 나에게도 치유 기도를 할 수 있는 특별한 은사를 주신 것을 하나님께 먼저 감사를 드립니다. 영성 상담사 교육 때에 배운 성경 말씀 36개(이 책자의 치유기도에 도움 되는 말씀)를 2년 동안 매일 반복 암송한 그 이후부터는 아래와 같이 본인이나 다른 성도들의 병 고침을 위한 치유기도를 하였을 때에 하나님께서 치료하여 주셨다.

어느 날 아침에 잠자리에서 일어나는데 갑자기 머리에 열이 나고 머리가 깨어질 듯이 아팠다. 그래서 이마에 오른쪽 손을 얹어서 하나님께 치유 기도를 하였다. "사랑과 은혜가 풍성하시고 능력이 많으신 하나님 아버지 이 시간 주님의 피 묻은 손으로 나의 머리에 안수하여 주시고 하나님의 치료하는 광선을 나의 머리에 비추어 주셔서 그 치료하는 광선이 나의 머리에 임하게 하여 주시옵소서. 그래서 아픈 통증이 다 없어지게 하여 주시고 모든 기능이 정상적으로 회복되도록 고쳐 주시옵소서. 이 시간 성령님께서 도와주시옵소서. 나를 아프게 하는 더러운 병마야 예수님의 이름으로 명하노니 나의 머리에서 떠나가라, 다시는 들어오지 말아라, 빠르게 건강이 회복될지어다." 이 내용을 반복해서 계속 기도를 하였더니 열이 차츰차츰 없어지고 아픈 증상도 없게 하나님께서 치료하여 주셨다.

그 후에 양쪽 다리 부분이 가려워서 긁으면 더 가려워서 오른쪽 손으로 가볍게 문지르면서 하나님께 위와 같이 치유 기도를 하였더니 가려움증을 하나님께서 치료하여 주셨다.

그리고 어느 날 시내에 가기 위해 지하철을 타기 위해 계단을 내려가는데 갑자기 무릎이 아파서 도저히 걸음을 걸을 수가 없게 되었다. 그래서 지하철 안에 앉아서 오른쪽 손을 아픈 무릎 위에 얹어서 소리를 내지 않고 귓속말로 위의 내용과 같이 치유 기도를 하나님께 드렸더니 약 10분 후에는 아픈 증상을 하나님께서 치료하여 주셨다.

그리고 미국에 여행을 갔을 때에 무거운 가방을 옮기면서 잘못하여 오른쪽 손목에 혹이 하나 발병하게 되었다. 그래서 새벽 기도회에 갔다 걸어오면서 왼쪽 손을 오른쪽 손목의 혹 위에 얹어서 15일 동안 매일 10분 이상 치유기도를 계속하였다. 그러나 아무런 변화가 없어서 한의원에 가서 어떻게 치료하면 고칠 수 있는지 질의를 하였더니 수술을 해야 된다고 하므로 계속해서 치유 기도를 하면 하나님께서 고쳐 주실 것을 믿고 치유 기도를 계속하기로 결심하였다.

그 후 20일이 지났을 때에 혹의 높이가 약간 낮아진 것을 발견하였고 30일 후에는 완전히 혹이 없게 하나님께서 치료하여 주셨다. 그래서 이러한 치유 은사의 내용을 다른 성도들에게 알리기 위해 성경 암송 및 치유은사 소책자를 발간하게 되었고 다른 사람들을 위해서도 치유 기도를 하기 시작하였다.

지난번 대전에 있는 신학교 운동장에서 전국 장로연합회의 체육대회를 하는 날 어떤 장로님이 오십견 질병으로 10년 동안 고생을 하고 있으니 내게 치유기도를 요청하였다. 다른 성도에게는 처음으로 치유기도를 시작하였기에 두 손을 양쪽 어깨 위에 얹어서 온갖 정성을 다하여 10분 동안 하나님께 위의 내용으로 간절히 치유기도를 하였더니 하나님께서 치료하여 주셨다.

전국장로회 연합회 등산회의 주관으로 자동차를 대절하여 가는 도중에 어떤 장로님이 자동차 안을 왔다 갔다 하면서 머리가 아프고 토할 것 같다고 하면서 매우 괴로워하였다. 그래서 산에 도착하여 그 장로님의 이마에 손을 얹어보니 얼음장같이 차가웠다. 그 장로님을 나무 아래에 앉게 하고 그 장로님의 이마에 오른쪽 손을 얹어 위의 내용과 같이 치유기도를 하였더니 하나님께서 치료하여 주셨다.

그리고 뉴질랜드에 해외 연주를 갔을 때에 어떤 장로님이 밤에 온몸에 열이 심하여서 잠을 자지 못했다고 하여 버스 안에서 그 장로님의 이마에 오른쪽 손을 얹고 왼쪽 손은 그의 손을 잡고 위와 같이 치유 기도를 하였더니 하나님께서 치료하여 주셨다.

또한 인도에 해외연주를 갔을 때에 모든 행사를 모두 마치고 귀국하기 위하여 인도 델리공항에 도착하였을 때에 무용을 하기 위하여 동행한 여자 집사님이 갑자기 정신을 차리지 못하는 알 수 없는 질병으로 인하여 휠체어를 타고 비행기에 올랐다. 의사가 와서 진찰을 해도 열이 심하지 않다고 하기에 이마에 손을 얹어 보니 정상이었다. 눈 위에 손을 얹어 보니 눈동자가 얼음 알같이 찬 것을 알게 되었다. 그래서 눈 위에 손을 얹어 온갖 정성을 다하여 15분 동안 간절히 같은 내용으로 하나님께 치유기도를 하였더니 얼굴이 조금 평온을 찾은 듯이 보였고 잠을 잘 자더니 인천 공항에서는 혼자 걸어서 나올 수 있도록 하나님께서 치료하여 주셨다. 이외에도 여러 차례 치유 기도를 하였을 때에 하나님께서는 치료하여 주셨다.

우리가 이러한 치유기도를 하기 전에 먼저 우리들의 교만한 마음은 다 버리고 겸손히 자기를 낮추어야 하고 성령 충만을 받기 위해 우리들의 모든 죄를 하나님께 고백하고 회개하여 죄 사함을 받아야 하며, 말씀으로 무장하여야 한다. 그리고 치유 기도를 할 때에 주의할 것은 현재 옆에 없는 사람이나 전화로 연결되어 있지 않은 사람에게 치유기도를 할 때에는 선포기도(명령형 기도)는 하지 않도록 한다.

구원과 영성에 대하여

　기독교에서 보통으로 사용하고 있는 '구원'이란 단어의 의미는 영혼이 죄에서 구원 받았다는 의미로 사용하고 있다. 그리고 "사람이 마음으로 믿어 의에 이르고 입으로 시인하여 구원에 이르느니라."(롬 10:10)고 하였으니 구원은 예수님을 나의 구주로 믿음으로 새 생명을 얻은 것이요. '영성'은 예수님 안에서 예수님의 성품을 닮아가는 것이다.
　구원이란 자신의 죄를 처리 받았다는 의미이다. 아직도 자신에게 죄가 남아 있다면 구원을 받지 못한 것이다. 죄를 처리 받고 그다음에 아직 우리 육체 속에 남아 있는 죄성을 처리 받아야 한다. "죄가 장성한 즉 사망을 낳느니라"(약 1:15) 따라서 우리가 죽지 않고 살기 위해서는 죄를 처리해야 한다. 인간의 죄는 인간의 힘으로 처리할 수 없다. 인간은 하나님께 죄를 범하였으므로 하나님으로부터 죄를 용서 받아야 한다.

거듭남, 그 자체가 영적인 면에서 다시 태어났다는 의미임으로 영적 성품을 수반한다. 즉 거듭남과 동시에 영성인이 되는 것이다. 물론 영성인으로서 그 깊이는 각자 차이가 있지만 영성의 시작은 거듭남과 동시에 이루어진다. '거듭난다'는 말은 우리의 생각이나 마음 그리고 행동(습관) 모두가 바꾸어지는 것을 말한다. 거듭난다는 것은 옛사람을 벗어버리고 의와 진리의 거룩함으로 지으심을 받은 새 사람을 입는 것이다.(엡 4:22~24) 즉 예수님을 믿고 거듭난 순간부터 전과 후가 달라진다는 말이다.

물론 거듭남의 상태를 육신의 눈으로 본다거나 이론적으로 설명하기가 어렵다. 다만 우리 마음속에 계시는 하나님을 영적 감각기관을 통해서 확신을 갖는 방법밖에 없다. 그 대표적인 방법으로는 ① 성령의 충만함을 느끼고 있는가? ② 말씀을 보고 싶고 듣고 싶으며, 말씀이 깨달아지는가? ③ 언제든지 나의 입술을 통해서 복음이 나오고 있는가? ④ 예수님과 더불어 만족을 느끼고 있는가? ⑤ 살아 있어야 할 목적, 즉 존재 자체를 예수님께 두고 살고 있는가? 등이다.

예수님의 형상을 본받는 일은 우리가 이 세상을 떠날 때까지 계속 추구해야할 것이다. 예수님의 형상을 본받는 순서는 (1) 직접적으로 예수님을 본받는 것이요, (2) 간접적으로 사도들을 본받는 것이요, (3) 우리 자신 또한 다른 사람들에게 본을 보여 주어야 한다.

"구원을 받았다" 혹은 "거듭났다"는 것은 말로 하는 것이 아니라, 생활(행동, 모습)에서 보여져야 한다. 다른 사람들의 입을 통해서 예수님 믿고 달라졌다는 소리를 들어야 하고, 본인 자신도 자신이 달라졌음을 느껴야 한다.

행함이 없는 믿음은 그 자체가 죽은 것이다.(약 2:17)고 하였으며, 그리고 사람이 거듭나지 아니하면 하나님 나라를 볼 수 없다.(요 3:3)고 하였다. 즉 거듭난 자는 반드시 생활에서 그리스도의 향기가 풍겨져야 함을 말씀하고 있다.

구원은 생활이며, 영성 또한 생활이다. 생활에서 영성이 보여지지 않는다면 영성인이 되지 못한다는 것이다. 예수님을 믿는다면 반드시 누구나 보기에 영성인으로 보여져야 한다. 구원은 받았으나 완전한 구원을 받기 위해서는 반드시 거듭난 자가 되어야 할 것이다. 즉 우리들의 생각이나 마음 그리고 말과 행동이 선하게 변화되어야 한다.

그리고 영성인은 우리 주님을 나의 주인으로 모시고 항상 주님과 동행하는 삶을 살아야 한다.

"너희가 내 안에 거하고 내 말이 너희 안에 거하면 무엇이든지 원하는 대로 구하라 그리하면 이루리라"(요 15:7)

천국에 대하여

하나님을 믿지 않는 사람들은 천국과 지옥이 있다는 것을 인정하지 않는다. 그런데 교회는 다녀도 천국에 대해서 정말 믿지 않는 사람들이 있다고 하니 가슴 아프게 생각한다. 믿음의 기준이 미래에 대한 천국보다는 현실에 잘 살기 위해서 믿는 사람들이 많이 있다는 것이다.

예수님께서도 분명히 천국과 지옥이 있다고 하셨으며, 성경에서 천국에 대하여 "다시는 사망이 없고 애통하는 것이나 곡하는 것이나 아픈 것이 없는 곳"(계 21:4)이고 "열두 진주 문이 있고 그 길은 맑은 유리 같은 정금으로 되어 있다."(계 21:21)고 하였으며, 지옥에 대하여도 "거기는 구더기도 죽지 않고 불도 꺼지지 않고 사람마다 불로서 소금 치듯 함을 받는다."(막 9:48~49)고 하였다.

천국은 분명히 현재성과 미래성을 가지고 있다. 천국이 현재성이란 예수님의 초림을 기준해서 이미 이루어진 것이요 미래성이란 재림을 기준해서 말한다.

심령천국이란 우리들의 심령 속에 예수님을 주인으로 모시고 예수님의 인도하심에 따라 다스림을 받으며 살아가는 상태를 말한다. 우리들의 심령 속에 천국이 있다는 의미는 장소적인 개념이 아니라 다스림의 개념으로 보아야 한다. 즉 예수님을 영접할 때 예수님은 우리들의 심령을 다스리기 시작한다. 즉 하나님의 말씀으로 다스림을 받으면 마음의 평안함과 기쁨을 누리는 상태가 된다. 내세천국이란 믿는 성도들이 육체를 벗고 부활하여 새로운 몸을 입고 영원히 예수님의 다스림을 받으며 사는 곳을 말한다.

심령천국은 완성되지 아니한 상태로서의 다스림이며, 내세천국은 완성된 천국으로서 온전한 기쁨을 누리며 사는 곳이다. 그런데 천국은 누가 들어가는가? 성경을 근거로 해서 몇 가지 자격을 알아보기로 한다.

1. 의인만 들어간다.(마 5:20) 의인이 되기 위해서는 예수님을 믿어야 한다.(롬 3:26)(마 5:10)

2. 성령으로 거듭난 사람이 들어간다.(요 3:5) 옛사람을 벗고 하나님을 따라 새사람으로 거듭난 사람이 되어야 한다.(엡 4:22~24)

3. 어린아이 같아야 들어간다.(마 18:3) 어린아이같이 자기를 낮추는 자가 들어간다.

4. 물질을 초월한 사람이 들어간다.(마 19:23) 물질을 하나님보다 더 믿고 의지하면 들어가지 못한다.(마 5:3)

5. 아버지의 뜻대로 행한 자가 들어간다.(마 7:21) 아버지의 뜻은 거룩한 것(살전 4:3)과 주안에서 기뻐하고 기도하고 감사하면서 사는

것이다.(살전 5:16~18)

6. 재림을 준비하는 사람이 들어간다.(마 25:1) 언제 예수님이 재림하실지 모르기 때문에 항상 준비하는 사람이 들어간다.

7. 깨끗한 사람이 들어간다. (고전 6:10, 갈 5:19~21) 음란과 더러운 것들을 탐하는 자는 들어가지 못하고 마음이 청결한 자가 들어간다.(마 5:8)

8. 화평함과 거룩함 따르는 자가 들어간다.(히 12:14)

모든 사람과 더불어 항상 화평함과 거룩함을 따르는 자가 들어간다.

물론 천국에 들어갈 자격 심사는 예수님이 하시지만 이 세상에서 살아가는 동안에 위에 열거한 자격들에 합당한 믿음의 생활을 우리들이 잘하고 있는지 항상 점검하여 날마다 주님을 나의 주인으로 모시고 주님과 항상 동행하는 삶을 살아가면서 찬송과 감사로 하나님이 기뻐하시는 삶과 하나님께 영광을 돌리는 삶을 살아가고 말씀과 기도로 항상 승리하는 삶을 살아가야 한다.

그리고 항상 주님 안에 거하면서 성령님의 인도하심에 따라 살아가면 이 세상에서도 심령천국을 이루어 하늘나라의 평안과 기쁨과 즐거움을 누리는 삶을 살아갈 수 있게 될 것이다.

성령에 대하여

성경에서 성령님은 하나님이시며 처음부터 하나님과 함께 계셨고 하나님과 함께 일하셨음을 알 수 있다. "땅이 혼돈하고 공허하며 흑암이 깊음 위에 있고 하나님의 영은 수면에 운행하시니라"(창 1:2)라고 하였으며, "하나님이 이르시되 우리의 형상을 따라 우리의 모양대로 우리가 사람을 만들고"(창 1:26)라고 하였다. 여기에서 하나님이 '우리'라는 복수형을 사용하셨으므로 성령님이 함께 계심을 알게 된다. 예수님이 이 땅에 계실 때에 내가 아버지께로 가면 다른 보혜사(성령님)를 너희에게 보내 주시겠다고 약속하였다.

예수님께서 말씀하시기를 내가 아버지께 구하겠으니 그가 또 다른 보혜사를 너희에게 주사 영원토록 너희와 함께 있게 하겠다(요 14:16)라고 하였으며, 예수님이 부활하시고 승천하신 후 오순절 날 경건한 유대인들이 예수님의 제자들과 함께 예루살렘의 한곳에 모였을 때 하늘로부터 급하고 강한 바람 같은 소리가 있고 성령님이 임하셨다.

"하늘로부터 급하고 강한 바람 같은 소리가 있어 그들이 앉은 온 집에 가득하며 마치 불의 혀처럼 갈라지는 것들이 그들에게 보여 각 사람 위에 하나씩 임하여 있더니 그들이 다 성령의 충만함을 받고 성령이 말하게 하심을 따라 다른 언어들로 말하기를 시작하였다"(행 2:2~4)라고 하였으며, 예수님은 성령님을 '보혜사'라고 부르셨다.

보혜사는 은혜를 보존하고 가르치시는 분 혹은 구원받은 성도를 온전히 지켜주시는 분이라는 뜻으로 돕는 자, 교사, 위로자, 옹호자, 인도자, 책망자라고도 한다. 성령님은 인격이시기 때문에 인간처럼 지정의를 가지고 계시며 우리와 교제하시는 분이시다. 또한 성령님은 진리의 영이시며, 하나님의 뜻을 우리에게 말씀하시며, 우리로 인해 근심하기도 하신다. 여기서 성령 하나님이 행하시는 일을 알아본다.

첫째, 새사람을 창조하신다. : 날마다 성도들이 성화되어 예수님을 닮아가도록 하신다. 항상 복종하여 두렵고 떨림으로 너희 구원을 이루라(빌 2:12)라고 하셨으며, 옛사람을 버리고 새사람으로 거듭나게 한다. 너희는 유혹의 욕심을 따라 썩어져 가는 구습을 따르는 옛사람을 벗어버리고 오직 너희의 심령이 새롭게 되어 하나님을 따라 의와 진리의 거룩함으로 지으심을 받은 새사람을 입으라(엡 4:22~24)고 하였다.

둘째, 죄를 책망해 주신다.: 우리들이 죄를 범하지 못하게 인도하시고 지은 죄에 대하여는 즉시 회개하도록 책망하신다. 그가 와서 죄에 대하여 의에 대하여 심판에 대하여 세상을 책망 하신다(요

16:8)라고 하였으며, 하나님께서 난자마다 죄를 짓지 아니하나니 이는 하나님의 씨가 그의 속에 거함이다(요일 3:9)라고 하였다.

셋째, 사람의 마음을 감동시킨다.: 우리들의 잘못한 행동에 대하여 뉘우치게도 하시고 하나님의 말씀을 믿게도 하시고 그 말씀대로 순종하여 행하게도 하시고 그 말씀의 내용을 잘 깨달아 알게도 하신다. 너희가 회개하여 각각 예수 그리스도의 이름으로 세례를 받고 죄 사함을 받으라. 그리하면 성령의 선물을 받는다(행 2:38)고 하셨으며, 너희는 성령을 따라 행하라 그리하면 육체의 욕심을 이루지 아니한다(갈 5:16)고 하였다.

넷째, 성령의 힘을 입어 귀신을 쫓게 한다.: 성령님의 힘을 입고 예수그리스도의 이름으로 악한 영들을 쫓아내는 능력을 주신다. 믿는 자들에게는 이러한 표적이 따르리니 곧 그들이 내 이름으로 귀신을 쫓아낸다(막 16:17)라고 하셨으며, 선한 일을 행하게 하시고 마귀에게 눌린 자를 모두 고치신다(행 10:38)라고 하였다.

다섯째, 성령이 자신을 드리게도 한다. : 성령 충만하면 모든 일에 헌신적으로 끝까지 충성을 다하고 자기 목숨까지도 아끼지 않고 희생한다. "영원하신 성령으로 말미암아 흠 없는 자기를 하나님께 드린 그리스도의 피가 어찌 너희 양심을 죽은 행실에서 깨끗하게 하고 살아계신 하나님을 섬기게 하지 못하겠느냐"(히 9:14)라고 하였다.

여섯째, 열심히 전도하게 하신다.: 전도할 때에는 성령님의 도움이 반드시 필요하다. 성령이 너희에게 임하시면 너희가 권능을 받고 예루살렘과 온 유대와 사마리아와 땅끝까지 이르러 내 증인이 된다(행 1:8)고 하였으며, 주의 성령이 내게 임하셨으니 이는 가난한 자에게 복음을 전하게 하시려고 내게 기름을 부으시고 나를 보내사 포로 된 자에게 자유를, 눈먼 자에게 다시 보게 함을 전파하며 눌린 자를 자유롭게 하고 주의 은혜의 해를 전파하게 하신다(눅 4:18~19)고 하였다.

일곱째, 좋은 열매와 여러 가지 은사도 주신다.: 성령의 열매인 사랑과 희락과 화평과 오래 참음과 자비와 양선과 충성과 온유와 절제의 열매를 맺게 하시고(갈 5:22~23) 어떤 사람에게는 성령으로 말미암아 지혜의 말씀을, 어떤 사람에게는 같은 성령을 따라 지식의 말씀을, 다른 사람에게는 같은 성령으로 믿음을, 어떤 사람에게는 한 성령으로 병 고치는 은사를, 어떤 사람에게는 능력 행함을, 어떤 사람에게는 예언함을, 어떤 사람에게는 영들 분별함을, 다른 사람에게는 각종 방언 말함을, 어떤 사람에게는 방언들 통역하는 은사를 주신다(고전 12:8~10)고 하였다.

믿음에 대하여

믿음은 바라고 원하는 것들이 앞에 있을 때에 그것에 도달할 때까지 사라지지 않게 받쳐주는 받침대라고 할 수 있다. 즉 믿음은 눈으로 보지 못하는 것을 마음으로 보는 것이다. 사람들은 보이는 것만 믿으려 하지만 믿음의 세계는 눈에는 보이지 않으나 마음에 임하는 믿음으로 보는 것이다. 성경에서는 믿음은 바라는 것들의 실상이요 보이지 않는 것들의 증거이다.(히 11:1) 우리가 복음을 받아들일 때에는 사람의 말로 받지 아니하고 하나님의 말씀으로 받아들여야 하며 복음의 능력을 믿음으로 받아들일 때에 복음의 모든 능력 즉 기적과 치유의 역사가 일어난다고 믿으며, 그 말씀대로 지켜 행할 때에 하나님께서 주시는 복을 받아 누리는 삶을 살아가게 된다고 생각한다.

첫째로 사람이 마음으로 믿어 의에 이르고 입으로 시인하여 구원에 이른다.(롬 10:10) 모든 사람이 죄를 범하였으므로 하나님의 영광에 이르지 못하더니 그리스도 예수 안에 있는 속량으로 말미암아 하나님의 은혜로 값없이 의롭다 하심을 얻은 자 되었다고 하였으며, 네가 만일 네 입으로 예수를 주로 시인하며 또 하나님께서 그를 죽은 자 가운데서 살리신 것을 네 마음에 믿으면 구원을 받게 된다.(롬 10:9) 또한 예수를 죽은 자 가운데서 살리신 이의 영이 너희 안에 거하시면 너희 안에 거하시는 그의 영으로 말미암아 너희 죽을 몸도 살리신다고 하였으며,(롬 8:11) 내가 그리스도와 함께 십자가에 못 박혔나니 그런즉 이제는 내가 사는 것이 아니요 오직 내 안에 그리스도께서 사시는 것이라 이제 내가 육체 가운데 사는 것은 나를 사랑하사 나를 위하여 자기 자신을 버리신 하나님의 아들을 믿는 믿음 안에서 사는 것이다.(갈 2:20)

둘째로 믿음은 들음에서 나며 들음은 그리스도의 말씀으로 말미암았다.(롬 10:17) 이 복음은 모든 믿는 자에게 구원을 주시는 하나님의 능력이 되고 복음에는 하나님의 의가 나타나서 믿음으로 믿음에 이르게 하고 오직 의인은 믿음으로 말미암아 산다고 하였다.(롬 1:17) 모든 성경은 하나님의 감동으로 된 것으로 교훈과 책망과 바르게 함과 의로 교육하기에 유익하고 하나님의 사람으로 온전하게 하며 모든 선한 일을 행할 능력을 갖추게 한다고 하였으며, 하나님의 말씀은 살아 있고 활력이 있어 좌우에 날선 어떤 검보다도 예리하여 혼과 영과 및 관절과 골수를 찔러 쪼개기까지 하며 마음의 생각과 뜻을 판단한다고 하였다. 그리고 너희가 내 안에 거하고 내 말이 너희 안에 거하면 무엇이든지 원하는 대로 구하라 그리하면 이루어 주신다고 하였으며,(요 15:7) 이 율법 책을 네 입에서 떠나지 말게 하며 주야로 그것을 묵상하여 그 안에 기록된 대로 다 지켜 행하라 그리하면 네 길이 평탄하게 될 것이며 네가 형통하게 된다.(수 1:8) 그러므로 복음은 사람을 변화시키고 역사를 변화시키는 능력이 있으며, 사람의 능력이 아니라 하나님의 능력이라고 믿는 것이 중요하다고 생각한다.

셋째로 너희가 기도할 때에 무엇이든지 믿고 구하는 것은 다 받게 된다.(마21:22) 예수님께서 우리에게 말씀하시기를 무엇이든지 기도하고 구하는 것은 받은 줄로 믿으라 그리하면 너희에게 그대로 된다고 하셨다.(막 11:24) 우리가 기도할 때에 빨리 이루어지지 않는다고 포기하지 말고 이루어질 때까지 계속 기도하여야 한다. 우리가 선을 행하되 낙심하지 말지니 포기하지 아니하면 때가 이르매 거두리라고 하였다.(갈 6:9) 행함이 없는 믿음은 그 자체가 죽은 것이라고 하였으며,(약 2:17) 믿음이 그의 행함과 함께 일하고 행함으로 믿음이 온전하게 되었다고 하였다.(약 2:22) 또한 믿음이 없이는 하나님을 기쁘시게 하지 못하나니 하나님께 나아가는 자는 반드시 그가 계신 것과 또한 그가 자기를 찾는 자들에게 상 주시는 이심을 믿어야 한다고 하였으며,(히 11:6) 너희 믿음의 확실함은 불로 연단하여도 없어질 금보다 더 귀하여 예수 그리스도께서 나타나실 때에 칭찬과 영광과 존귀를 얻게 된다.(벧전 1:7)

한국교회와 나라를 위한 기도

　많은 사람들 가운데서 저희들을 하나님의 자녀로 특별히 택하여 주셔서 오늘까지 하나님의 은혜와 사랑을 받으며 살아가게 하여 주심을 감사드립니다.
　하나님의 말씀을 알고도 그것을 지키지 않는 것은 고의로 죄를 범하는 것이 되므로 현재 한국 교회의 모든 교인들이 마음속에 어떤 교만이나 말씀대로 살지 않고 있는 것들을 찾아서 회개하여 유혹의 욕심을 따라 살아가는 옛사람을 벗어 버리고 의와 진리의 거룩함으로 지으심을 받은 새사람으로 거듭나게 하여 주시옵소서. 모든 사람들과 더불어 화평함과 거룩함을 따르는 자들이 다 되게 하여 주시고 이 세상에서도 착하고 의로우며 진실된 삶을 살아가므로 소금과 빛의 직분을 잘 감당하는 자들이 다 되게 하여 주시옵소서
　우리들을 지은 목적은 하나님을 위하여 지으셨다고 하였으니 항

상 하나님 중심의 삶을 살아가게 하여 주시옵소서. 날마다 우리들은 주님을 손님으로 모시고 살아가지 말고 주님을 나의 주인으로 모시고 항상 동행하는 삶을 살며, 성령님의 인도 하시는 대로 살아가게 하여 주시옵소서. 언제 어디서나 그리스도의 좋은 향기를 발하는 자들이 다 되게 하여 주시옵소서.

우리들의 모든 일을 사랑으로 행하게 하여 주시고 모든 일을 믿음을 따라 살아가게 하여 주시옵소서. 또한 믿음이 없이는 하나님을 기쁘시게 하지 못한다고 하였으며, 믿음은 그리스도의 말씀을 들음에서 난다고 하였으니, 하나님의 말씀을 사람의 말로 받지 말고 하나님의 말씀으로 받아들이게 하여 주시고 하나님 말씀을 열심히 읽고, 듣고, 암송하고, 묵상하면서 그 말씀대로 지켜 행하는 자가 다 되게 하여 주시옵소서

1907년 평양에서 있었던 회개의 기도 운동과 전도의 대부흥운동이 이 땅 위에 재현되어 온 나라의 복음화가 빨리 이루어지게 하여 주시고 우리들의 모든 생활이 오직 하나님께 영광을 돌리며 하나님이 기뻐하시는 삶을 살아가게 하여 주시옵소서.

이 시간 나라를 위해 기도합니다. 전쟁이나 국지적인 도발도 없게 하여 주시고 북한에도 하루 속히 복음화 문이 활짝 열려서 남북통일도 복음화로 인하여 평화적인 방법으로 이룩되게 하여 주시옵소서. 하나님께서 우리나라의 모든 분야에 일일이 간섭하여 주셔서 우리나라의 안보와 경제가 확고한 기반 위에 서게 하여 주시고 안정된 가운데 번영하는 나라로 만들어 주시옵소서. 그리고 대통령을 위시하여 모든 공직자들에게 지혜와 총명과 하나님을 경외하는 영을 덧입혀 주셔서 모든 국민들을 위해 정직하고 올바르게, 지혜롭

게 모든 일들을 집행하도록 도와주시고 모두가 하나님을 경외하는 자들이 다되게 하여 주시옵소서. 이 모든 간구를 예수님의 이름으로 기도합니다. 아멘

신앙성숙을 위한 기도

　죄로 말미암아 영원한 지옥에 버려질 수밖에 없었던 우리 인간들을 사랑하사 우리들을 구속하시기 위해 하나님께서는 독생자 예수 그리스도를 이 땅에 보내 주셨고 예수님께서는 우리들의 죗값을 위해서 십자가에 달려 피 흘려 죽으셨다가 삼 일 만에 부활하심으로 우리들이 부활의 산 소망을 가지고 살아갈 수 있게 하여 주신 것을 감사드립니다.
　창조를 통한 성부 하나님의 모든 질서대로 우리들이 살아갈 수 있기를 간절히 원합니다. 성자 하나님 되시는 예수님의 십자가를 생각하여 우리들도 십자가를 지고 따르는 삶을 살기를 결심합니다. 성령 하나님께서 능력으로 역사하시어 하나 되게 하신 것처럼 우리들이 가는 곳마다 하나 되고 화평을 이루어 가는 주님의 자녀가 될 것을 다짐하오니 모든 성도님들에게 성삼위 하나님께서 주시는 은

혜가 차고 넘치게 하여 주시옵소서

　우리들에게 강하고 담대한 믿음을 더하여 주셔서 어떤 환경에서나 어떤 상황에서도 흔들리지 않고 답답한 일을 당하여도 낙심하지 않는 굳센 믿음과 행함이 있는 온전한 믿음을 가진 자들이 다 되게 하여 주시옵소서. 언제 어디서나 그리스도의 향기를 발하는 자들이 되게 하시고 하나님을 사랑한다고 하면서 형제를 미워하는 일이 없게 하여 주시고, 우리들의 모든 일을 사랑으로 행하게 하여 주시고, 모든 일을 믿음을 따라 살아가는 삶을 살아가게 하여 주소서.

　우리 안에 주님을 손님으로 모셔두고 내 생각대로 내 뜻대로 살아가지 말고 주님을 나의 주인으로 모시고 항상 주님과 동행하면서 성령님의 인도하심을 따라 하나님의 뜻대로 살아가게 하여 주시옵소서. 주님 안에서 항상 기뻐하며, 열심히 기도하며, 모든 일에 있어 하나님에게 감사하는 삶을 살아가게 하여 주시옵소서.

　우리들의 마음속에 어떤 교만이 있는지 살펴서 모두 다 버리고 겸손하게 자기를 낮추며 남을 나보다 낮게 여기는 마음을 갖게 하여 주소서. 모든 사람들과 더불어 화평함과 거룩함을 따르는 자들로서 이 세상에서도 착하고 의로우며 진실된 삶을 살아감으로 빛과 소금의 직분을 잘 감당하게 하소서.

　우리들을 지으신 목적은 하나님을 위하여 지으셨다고 하셨으니 항상 하나님 중심의 삶을 살아가게 하여 주소서. 하나님의 말씀을 사람의 말로 받지 아니하고 하나님의 말씀으로 받을 때에 모든 역사가 일어난다고 하였으니, 하나님의 말씀을 즐거워하여 열심히 읽고, 듣고, 열심히 암송하고 묵상하여 그 말씀대로 다 지켜 행하므로 행함이 있는 온전한 믿음이 있는 자가 되고, 성령 충만한 자가 되어 욕심을 따라 살아가는 옛사람은 벗어버리고 하나님을 따라 의와 진리의 거룩함으로 지으심을 받은 새 사람으로 거듭난 자가 되게 하여 주시옵소서. 그리하여 우리들의 생각과 말과 행동이 미움과 원망, 불평과 시비가 없는 선하게 변화된 삶을 살아가게 하여 주시옵소서. 날마다 예수님의 성품을 닮아가려고 노력하게 하시고 때를 얻든지 못 얻든지 열심히 말씀을 전파하게 하옵소서.

이 시간 나라와 민족을 위해 기도합니다. 1907년 평양에서 있었던 회개의 기도 운동과 전도의 대부흥운동이 이 땅 위에 재현되어 온 나라의 복음화가 빨리 이루어지게 하여 주시옵소서. 하나님께서 우리나라의 모든 분야에 일일이 간섭하여 주셔서 이 나라의 안보와 경제가 확고한 기반 위에 서게 하시고 안정된 가운데 번영하는 나라로 만들어 주시옵소서.

이 모든 간구를 예수님의 이름으로 감사하며 기도드립니다. 아멘.

하나님이 기뻐하시는 삶

성도들이 어떻게 신앙생활을 하여야 하나님이 기뻐하시는 삶인지 성경에서 알아본다.

십계명에서 하나님을 사랑하고 내 계명을 지키는 자에게는 천대까지 은혜를 베푸신다고 하였다. 우리 인생의 삶의 목적은 오직 하나님을 영화롭게 하는 것이다. 우리들은 날마다 우리 모든 일을 통하여 오직 하나님에게 영광을 돌려 드리며 하나님이 기뻐하시는 삶을 살아가야 한다. 우리가 살아도 주를 위하여 살고 죽어도 주를 위하여 죽으니 그러므로 사나 죽으나 우리가 주의 것이므로 우리가 먹든지 마시든지 무엇을 하든지 다 하나님의 영광을 위하여 하라고 하였다. 그리고 우리가 다 하나님의 아들을 믿는 것과 아는 일에 하나가 되어 온전한 사람을 이루어 그리스도의 장성한 분량이 충만한 데까지 이르게 하라고 하였으며(엡 4:13) 믿음이 없이는 하나님을 기쁘시게 하지 못하나니 하나님께 나아가는 자는 반드시 그가 계신 것과 또한 그가 자기를 찾는 자들에게 상 주시는 이심을 믿어야 한다고 하였다.(히 11:6)

첫째로 하나님 말씀을 열심히 묵상하고 지켜 행하자. 믿음은 하나님의 말씀을 들음에서 난다고 하였고 믿음이 행함과 함께 일하고 행하므로 믿음이 온전하게 된다고 하였으며, 하나님의 말씀을 많이 알아야 그 말씀을 지켜 행할 수 있기 때문에 사람의 말로 받지 말고 하나님의 말씀으로 받아들이고 그 말씀을 열심히 읽고, 듣고, 암송하고, 묵상하면서 그 말씀대로 지키면서 살아가면 하나님께서 그가 하는 모든 일이 형통하게 되고, 들어와도 복을 받고 나가도 복을 내려 주신다고 하였다. 우리를 대적하기 위하여 들어온 악한 영들이 한길로 들어왔다가 일곱 길로 도망하게 된다고 하였으며, 하나님께서 네 손으로 하는 모든 일에 복을 주시리니 네가 많은 민족에게 꾸어줄지라도 너는 꾸지 아니할 것이요, 너를 머리가 되고 꼬리가 되지 않게 하신다고 하였다. 그리고 하나님의 말씀은 내 발의 등이요, 내 길에 빛이라고 하였다. 내가 주께 범죄 하지 아니하려고 하나님의 말씀을 내 마음에 두었다고 하였으며,(시 119:11) 하나님의 말씀을 알고도 지키지 않으면 고의로 죄를 짓게 된다.

둘째로 하나님께 쉬지 말고 열심히 기도하자. 기도는 하나님의 능력을 받는 통로이고 하나님과의 대화이므로 하나님과 올바른 관계를 잘 유지하기 위해서는 하나님께 열심히 기도하여야 한다. 너희는 부지런하여 열심을 품고 주를 섬기라. 소망 중에 즐거워하며 환난 중에 참으며 기도에 항상 힘쓰라고 하였다.(롬 12:11~12) 그러므로 모든 일을 시작할 때에든지 마칠 때에든지 항상 하나님께 기도로 시작하고 기도로 끝마치는 생활을 하므로 기도 쉬는 죄를 범하는 일이 없도록 하여야 한다. 또한 하나님께서는 환난 날에 나를 부르라 내가 너를 건지리니 네가 나를 영화롭게 한다고 하였고 아무것도 염려하지 말고 다만 모든 일에 기도와 간구로 너희 구할 것을 감사함으로 하나님께 아뢰라 그리하면 모든 지각에 뛰어난 하나님의 평강이 그리스도 예수 안에서 너희 마음과 생각을 지키신다고 하였으며, 내 이름으로 일컫는 내 백성이 그들의 악한 길에서 떠나 스스로 낮추고 기도하여 내 얼굴을 찾으면 내가 하늘에서 듣고 그들의 죄를 사하고 그들의 땅을 고쳐 주신다고 하였다.(대하 7:14)

셋째로 하나님께 감사하는 찬양을 부르자. 우리가 하나님을 택한 것이 아니라 하나님이 우리들을 택하여서 하나님의 자녀로 삼아 주셨다고 하였으니, 그 측량 할 수도 없고 영원히 변치 않는 그 크신 사랑을 우리들은 항상 감사하는 마음과 기쁨으로 하나님을 섬기며 하나님께 감사하는 찬양과 영광을 돌려 드려야 한다. 이 백성은 내가 나를 위하여 지었나니 나를 찬송하게 하려 함이라고 하였고(사 43:21) 시편 기자도 온 땅이여 여호와께 즐거운 찬송을 부를지어다. 너희 모든 백성들아 하나님을 찬양하며, 그의 능하신 행동을 찬양하고 그의 지극히 위대하심을 따라 찬양하며, 호흡이 있는 자마다 하나님을 찬양하라고 하였다.

너희가 내 안에 거하고 내 말이 너희 안에 거하면 무엇이든지 원하는 대로 구하라 그리하면 이루리라고 하였으니(요 15:7) 우리들은 날마다 우리 주님을 나의 주인으로 모시고 항상 주님과 동행하는 삶을 살아가면서 말씀 전파하는 일에도 열심히 힘쓰며, 위에 열거한 세 가지 하나님 말씀을 열심히 묵상하고 지켜 행하고 하나님께 열심히 기도하며, 하나님께 감사하는 찬양을 열심히 부르면서 매일 모든 일을 통하여 하나님께 영광을 돌려 드리고 하나님이 기뻐하시는 삶을 살아가는 자가 되어야 한다.

"그리스도의 말씀이 너희 속에 풍성히 거하여 모든 지혜로 피차 가르치며 권면하고 시와 찬송과 신령한 노래를 부르며 감사하는 마음으로 하나님을 찬양하고 또 무엇을 하든지 말에나 일에나 다 주 예수의 이름으로 하고 그를 힘입어 하나님 아버지께 감사하라"(골 3:16~17)

4
해외선교 및 연주를 가다

석식을 한 후 19시부터 시드니 영락교회에서 1차 해외 연주를 하였는데 참석 교인은 250여 명이고 젊은 층의 교인들도 많았다. 찬양은 가사를 모두 암기하여 불렀는데 부르는 자나 듣는 자가 다 같이 은혜 충만하여 하나님에게 큰 영광을 돌렸으며, 앵콜곡으로 「고향의 봄」을 불렀을 때에는 눈물을 흘리는 장면도 보였다.

일본 나가사키 순교지를 가다

 일본이 선교가 잘되지 않는 이유는 지금까지 대부분의 사람들이 가정마다 온갖 잡신을 섬기는 가정 제단이 있어서 그러한 것으로 알고 있었으나 금번 순교지 방문을 통하여 현재 북한과 같이 기독교에 대한 박해가 심하였던 것을 새롭게 알게 되었다.
 일본에 기독교 복음이 전해진 것은 우리나라보다 250년이나 앞서고 의외로 많은 순교자가 있었다. "기독교 선교사는 사교를 퍼프리는 위험한 존재다"라는 일본인들의 오랜 멸시와 편견 속에서 10년을 버티던 어느 선교사는 차라리 인도에 가서 선교하는 것이 낫겠다며 일본을 떠나갔다고 한다. 그리고 일본에서는 성경이 소설로 분류될 정도로 일본에서 기독교는 크게 외면 받고 있다고 한다. 그러므로 일본은 과거 400년간 기독교 박해 역사 때문에 사회적으로 반기독교 정서가 널리 퍼져 있어 현재 기독교인의 수는 전체인구(1

억2,700만 명)의 0.44%에 불과하다. 그리고 교인 중에는 젊은 사람은 없고 노인층만 있으며, 교인 50명이 모이면 큰 교회라고 하였고 주일날 한 번만 예배를 드린다고 하였다. 금번에 초교파적으로 일본에 단기선교에 참가한 인원은 31명으로 서울희망교회(김용국 목사)가 주관하고 일본 나가사키 순교자 기념교회(현승건 선교사) 초청으로 이루어졌다.

2010년 8월 11일 오전 9시 30분 인천공항을 출발하여 일본 후쿠오카 공항에 10시 50분에 도착하였다. 거기서 2시간 달려서 나가사키시 카와타나에 소재한 순교자 기념교회에 도착하였다. 교회는 개인이 교회에 기증한 건물을 개조하여 사용하고 있었는데 밖에는 십자가가 없고 건물 안에만 있었다. 또한 가까운 곳에 있는 카와타나 크리스천 문화센터(주민들이 사용하던 물품 창고를 기증받아 개조)도 같이 사용하고 있었다. 여자는 교회에, 남자는 문화센터에 숙소를 배정하였다.

8월 12일 오전에는 오오무라 순교지를 향해 갔다. 첫 번째로 간 곳은 처자 이별의 바위가 있고 호코바루 처형장(기독교인 131명)에 도착하였다. 이곳에서는 순교자 전원을 네 줄로 무릎을 꿇게 한 후 긴 칼로 4명이 목을 쳤다고 하는데 그 당시 울음소리는 들리지 않고 "팍" 하는 소리와 목에서 피가 솟아오르는 "쉬이" 하는 소리만 들렸다고 한다. 목을 자른 후 그 머리는 소금에 절여서 20일간이나 길거리에 전시해 두었다가 부활이 염려되어 몸통이 묻힌 곳에서 600m 떨어진 곳에 머리만 묻은 무덤이 있었다.

오후에는 스즈라 감옥으로 찾아갔다. 오오무라 영토 안에서만 6만 명이나 되는 선교사들과 교회의 지도자들은 모두 처형되었는데 그 당시 선교사를 숨겨 주는 것만으로도 처형당할 만한 중죄가 되었다고 한다. 이들 기독교인들을 좁은 공간인 감옥에 가두어두고 외부와 접촉을 못하도록 하여 일평생 감옥 안에서만 생활하다가 죽어갔다고 한다.

그다음으로 찾아간 곳은 기독교 신앙을 굳게 지키겠다고 하는 자는 한쪽 귀를 자르는 곳이었다. 이와 같이 귀를 자른 자들은 도망을 가도 즉시 붙잡히게 되므로 도망도 못 가도록해서 산중턱에 있는 운젠 지옥천(섭씨 100도가 넘는 뜨거운 유황물이 끓어 오르는 웅덩이)까지 3, 4시간 동안 이들을 끌어가서 그 웅덩이에 집어넣었다가 끌어내었다가 하면서 고문도 하고 살이 익어서 죽도록 하였다고 하는 곳에는 현재도 연기가 계속해서 솟아나고 뜨거운 유황물이 계속 솟아오르고 있었으며, 큰 십자가 하나만 세워져 있었다. 그곳에서 가까운 장소에 소규모 유황온천장이 있어 온천을 하고 숙소로 돌아왔다.

8월 13일 오전에는 2시간 이상 달려서 구마모또성 정탐 사역을 하였다. 그곳에는 역대 성주의 이름들과 옛날 일본인들이 사용하던 소장품들이 진열되어 있었다. 뒤뜰에서 우리 일행은 일본어 복음성가와 율동을 하고 전도지(책갈피와 일본 여자의 간증문)도 주면서 노방전도도 하였다. 오후에는 2시간 동안 이동하여 아소산 정탐사역을 하였다. 비가 오고 구름이 많이 끼어 전망도 좋지 않아 정상까지는 못 가고 케이블카 타는 곳까지만 올라갔다.

저녁시간에는 교회에서 성화 밟기 체험을 하였다. 그곳에는 나무 상자 감옥(가로, 세로, 높이 56센티) 두 개가 있고 모든 대원들을 두 줄로 앉게 하고 한 사람씩 불러내어 성화 밟는 체험을 실시하였다. 성화를 밟지 않으면 그 나무상자 감옥에 들어가서 3분간 있도록 하였다.

8월 14일 오전에는 나가사키 원폭현장을 찾아갔다. 일본에 처음 원자폭탄을 투하한 곳은 군수공장이 있는 히로시마였고 둘째 목표지는 해군 기지가 있는 규슈였으나 구름과 안개가 많아 아래가 잘 보이지 않아 나가사키에 투하되었다고 한다. 원폭현장은 현재 평화공원으로 되어있고 여러 가지 조형물들이 세워져 있었다. 원폭 당시 모든 건물은 무너졌으나 유일하게 남아 있었던 성당의 한쪽 기둥벽 부분을 옮겨 세워져 있었다.

원폭자료실은 지하 2층으로 되어 있었다. 이곳에 투하된 핵분열형 원자폭탄은 길이가 3.25m, 직경 1.5m, 무게 4.5톤으로 고성능 폭약 21킬로톤의 에너지가 방출된다. 약 50%의 폭풍, 35%의 열선, 15%의 방사선으로 오랜 기간 인체에 장애를 준다.

1945년 8월 9일 11시에 투하되어 사망자 73,884명, 부상자 74,909명이 발생되었다. 그곳에서 이동하여 26인 순교자 비가 있는 언덕으로 찾아갔다. 순교자들이 그곳에 도착하자 26개의 십자가를 보고 달려가 자신의 십자가를 감싸 안으며 기쁨의 눈물을 흘렸다고 한다.

그들 중에는 어린이도 3명 있었는데 모두 선교사와 수도사들이었다. 그들을 처형할 때에는 발판이 있는 십자가에 밧줄로 손과 다리를 묶어 놓고 창을 가진 네 사람이 두 사람씩 짝이 되어 양쪽에서 창으로 허리부터 어깨까지 관통하도록 찔러서 죽였다고 한다.

그리고 처형한 후에는 아무도 출입을 못 하게 해서 80일간 방치하여 두었더니 남아 있는 것은 머리 하나와 손목 하나밖에 없었다고 하였다. 지하 건물에 전시관이 있었다.

저녁 시간에는 카와타나 여름 축제 행사장에 찾아갔다. 낮 시간에는 거리에서 사람을 찾아볼 수가 없었는데 그곳에는 사방에서 사람들이 많이 모여들었다. 그곳에서 전도지도 주면서 노방전도도 하고 행사장 입구 쪽에서 일본어 복음성가와 율동도 하였더니 그들도 같이 참여하여 율동을 하는 자들도 있었다.

축제 행사는 북을 치며 주민들이 춤을 추면서 빙빙 돌아가는 모양을 하다가 그치고 무대에 설치한 큰 북과 작은 북을 치는 것이었다. 1시간 정도 행사가 끝나고 이어서 30분 정도 불꽃놀이(1,500발)를 하였다. 이러한 축제행사 때에 지역 전도 활동하는 것이 효과적이라고 생각되었다.

8월 15일 11시 50분 후쿠오카를 출발하여 인천공항에 오후 1시 10분경에 도착하였다.

금번 일본 순교지 방문과 단기선교를 통하여 일본 복음화가 지연되는 이유를 조금이나마 알게 되었다. 일본에서는 400년 동안이나 국가적으로 기독교인들과 선교사들을 온갖 박해를 가하면서 기독교인들을 색출하기 위해서 5인조 연좌제와 포상제도를 통하여 수십만 명을 투옥시키고 처형하므로 기독교인들이 오랜 기간 멸시와 박해 속에서 기독교는 크게 외면당하여 왔다.

그래서 사회 분위기가 반기독교적인 사상으로 풍토가 조성되어 있어 기독교를 받아들인다는 것은 너무나 큰 부담을 느끼고 있으며, 취직도 잘되지 않아 사회생활을 할 수가 없게 되어 있다. 그리고 일본 사람들은 겉으로 드러나듯 질서를 잘 지키고 친절하며 검소하고 상냥하지만, 내면에는 가족과 친구 심지어는 부부 사이에도 서로 마음을 열지 못하고 벽을 쌓고 살아가는 고독과 외로움이 있다고 한다.

그러면서도 혹독한 박해 가운데서 끝까지 신앙을 지키려 했던 순교자들을 바라보면서 아직은 미약한 것처럼 보이지만 그들의 순교의 피와 순교의 정신이 결코 헛되지 않으며, 반드시 일본의 기독교 부흥으로 열매 맺힐 것을 기대한다.

동경, 요코하마에 단기선교를 가다

일본에 기독교 복음이 전해진 것은 우리나라보다 250년이나 앞서고 의외로 많은 순교자가 있었다는 것을 2년 전 일본 나가사키 선교지를 방문하면서 알게 되었다. 그런데 일본은 과거 400년간 기독교 박해 역사 때문에 사회적으로 반기독교 정서가 널리 퍼져 있어 현재 기독교인의 수는 전체인구(1억 2,700만 명)의 0.44%에 불과하다.

금번에 초교파적으로 일본에 단기선교에 참가한 인원은 25명(목사: 4명, 전도사: 1명, 장로: 2명, 권사: 2명, 집사: 6명, 청년: 8명, 기타: 2명)으로 서울희망교회(서울 서대문구 냉천동 소재, 담임: 김용국 목사)가 주관하고 일본 동경에 있는 신동경침례교회 김동원 목사의 초청으로 이루어졌다.

서울희망교회는 예비선교사 어학훈련을 위해 매주 토요일 오후 3시에 일본어 예배를 1시간 드린 후 일본어 초급, 중급, 고급반 어학훈련 및 6시에는 중국어 예배와 어학훈련 공부를 실시하고 있다.

단기선교를 위해 6개월 전부터 준비하고 2개월 전부터는 매주 2차례씩 모여 기도회와 일본어 복음성가 및 율동도 준비하였다.

 2012년 8월 15일 오전 9시 인천공항을 출발하여 일본 나리타공항에 11시 30분에 도착하였다. 공항에서 전철로 2시간 달려서 신오오구보역 인근에 소재한 신동경침례교회에 도착하였다. 교회는 약 200여 평 대지에 지하 1층, 지상 3층의 단독 교회 건물로 26년 전에 개척하였다고 하였다. 지하 1층은 식당, 1층은 교회사무실 및 어린이실. 2층은 예배실, 3층은 사택으로 사용하고 있었다. 여자는 지하 1층에, 남자는 3층에 숙소를 배정한 후 도착 감사예배와 향후 일정에 대한 오리엔테이션을 가졌다.

 일본에 도착과 동시에 모두 앞면에는 영어로. 뒷면에는 일본어로 "예수님은 당신을 사랑합니다"란 글씨가 인쇄된 약간 붉은 티샤츠로 갈아입고 전철을 타고 하라주꾸역 인근에 있는 요요기공원 광장에서 2시간 동안 선교사역(일어로 복음성가를. 기타와 색소폰을 불면서 율동, 전도지, 책갈피, 알사탕 나눠주기 등) 활동을 하였다. 저녁시간에는 일본선교 세미나와 전체 오리엔테이션 및 선교 비전 나누는 시간을 가졌다.

 매일 아침은 6시 기상하여 7시 새벽기도회 및 조별 큐티 시간을 가졌다.

 8월 16일 대절한 버스를 타고 요코하마로 이동하였다. 140년 된 개신교 기념교회인 일본인 교회(횡빈 해안교회, 우에야마 목사)를 방문하였다. 교인은 약 100명이 된다고 하였다. 그 교회의 종탑까지 올라갔는데 종의 크기는 직경 1m나 되며, 종탑 넓이는 7, 8명이 서 있을 수 있었다.

 러·일 전쟁 당시 그 종을 국가에 헌납하라고 강요당했지만, 매를 맞으면서도 헌납하지 않았다고 하였으며, 지금도 오전 6시에 그 종을 치고 있다고 하였다. 거기서 이동하여 횡빈 개항 자료전시관에 들러서 관람한 후 차이나타운에서 시내 선교사역을 1시간 정도 한 후 해안가 숲 광장으로 이동하여 거기서 약 2시간 선교사역을 하였다. 저녁시간에는 일본 선교의 나눔의 시간을 가졌다.

8월 17일에는 아침 식사 후 1시간 정도 김동원 목사의 특강 '마귀는 틈을 타고 들어온다'를 듣고 예배를 드린 후 전철로 우에노역으로 이동하여 인근에 있는 우에노공원에서 2시간 선교사역을 하였다. 오후에는 전철로 아카츠카역으로 이동하여 아카츠카 일본인 교회(신사꾸 목사)를 방문하였다. 대지 약 300평에 1층은 소예배실. 식당과 2층은 예배실이며 교인은 약 500명이 된다고 하였다.

8월 18일 오전에는 동경에서 가장 번잡한 거리인 신주쿠역으로 이동하여 신주쿠역 광장에서 2시간 정도 선교사역을 하였다. 그리고 오후에는 도보로 이동하여 한인교회인 순복음교회(정대원 목사, 교인 약 1,000여 명, 1층 주차장, 2층 소예배실, 사무실 등, 3층 사무실, 목회자실 4, 5층 예배실)를 방문하였다. 그리고 도보로 이동하여 신주쿠 도청 옆 타워(높이 45층 202m, 승강기 탑승 인원 28명, 맨 위층 넓이가 200여 평)를 관람하였다. 요금은 무료이고 소지품은 모두 조사를 하였다. 거기서 도보로 이동하여 시내 공연장에서 선교사역을 2시간 정도 하였다.

8월 19일에는 오전 11시에 주일예배를 숙소인 교회에서 드렸으며, 점심식사를 지하 식당에서 본 교회 교인들과 같이 나누는 시간을 가졌다. 오후에는 2시간 정도 일본선교의 나눔의 시간과 헌신의 시간을 가졌다. 전철로 나리타공항으로 이동하여 오후 7시 출발하여 인천공항에 9시 30분에 도착하였다.

4박 5일간의 단기선교를 통하여 느낀 점은 일본인은 겉으로는 상냥한 것 같이 보였는데 속마음은 잘 드러내지 않는 것 같았으며, 신호등과 줄서기 등을 철저히 잘 지키는 점은 우리가 본받아야 한다고 생각되었다. 그런데 물가가 너무 비싸서 한국인이 일본에서 사역하기가 경제적으로 너무 어렵다고 하였으며, 전도지도 노인층은 잘 받지 않았고, 젊은 층에서 받았는데 영적으로 너무 황무지 같은 느낌을 받았다. 그리고 현재 일본에는 시골에서는 교회가 없고 도회지에만 있다고 하였으며, 예배를 1주일에 1번(주일날)만 드리므로 영적 성장이 잘되지 않는다고 하였고 현재 교인들 중에도 노인층만 있고 젊은 층은 없다고 하였다.

오사카, 고베, 교토에 단기선교를 가다

일본에 기독교 복음이 전해진 것은 우리나라보다 250년이나 앞서고 의외로 많은 순교자가 있었다. 그런데 일본은 과거 400년간 기독교 박해 역사와 전국에 절(8만)과 신사(8만) 및 개인 신 등의 문화가 사회에 널리 퍼져 있어 현재 기독교인 수는 52만 명으로 전체인구(1억 2,700만 명)의 0.44%에 불가하다. 금번에 초교파적으로 일본에 단기선교에 참가한 인원은 26명(목사 : 5명, 장로 : 2명, 전도사 : 2명, 권사 : 3명, 집사 : 6명, 청년 : 6명, 기타 : 2명)으로 서울희망교회(서울 서대문구 냉천동) 김용국 목사가 주관하고 일본 오사카 선교하는 교회 양동훈 선교사의 초청으로 이루어졌다. 서울희망 교회는 예비 선교사 어학 훈련을 위해 매주 토요일 오후 3시에 일본어 예배와 어학 훈련, 오후 6시에는 중국어 예배 및 어학 훈련을 하고 주일날은 오전 9시에 영어 예배 및 어학 훈련을 하고 있으며, 매년 1회 일본에 단기

선교 활동을 한다.

2013년 8월 14일 오전 10시 인천 공항을 출발하여 11시 40분에 일본 간사이공항에 도착하여 전용 버스로 오사카 선교하는 교회로 이동하였다. 교회 건물은 1층은 식당, 2층은 예배실, 3층은 사택으로 사용하고 있다. 우리 일행은 2층 예배실에서 의자를 치우고 칸막이를 설치하여 침실로 사용하였다.

오후에는 전용 버스로 일본 나라시 중앙에 위치한 나라공원(와카쿠사 야마)으로 갔는데 많은 사슴들이 풀밭에서 놀고 있었다. 그곳에서 나라시내를 바라보면서 찬양사역과 기도회를 가졌다. 저녁시간에는 일본 선교세미나, 오리엔테이션 및 비전 나눔의 시간을 가졌다. 매일 아침에는 7시에 기상하여 3조로 나누어 QT 시간을 가졌으며, 아침 식사는 한국에서 가져간 주식과 부식으로 해결하였다.

8월 15일 오전에는 전용버스로 교토 성복교회(류봉호 목사)를 방문하여 일본인 선교 특강을 2시간 들었다, 25년 전에 개척하여 온갖 어려움을 잘 극복하여 현재 교인 수는 120명이다. 매주 목요일 11시에는 노숙자들을 초청하여 예배드리고 점심식사를 대접한다. 그곳에서 우리들은 찬양 5곡과 김용국 목사님이 일본어로 설교하였다.

오후에는 교토역 청사 맨 위층에서 교토 시내를 바라보면서 찬양 사역과 기도회를 가졌다. 그리고 오후 6시에는 교토 타워 앞 광장에서 찬양 사역과 동시 전도지 배포 사역을 1시간 30분 동안 하였다.

8월 16일 오전에는 전용버스로 고베 한인 동부교회(배명덕 목사)를 방문하여 재일한인 선교사역 특강을 2시간 들었다. 15년 전에 개척하였는데 현재 교회 대지 160평에 연건평 260평이며, 교인 수는 150명이다. 오후에는 고베 록고산 전망대에서 고베시를 바라보면서 찬양 사역과 기도회를 가졌다. 그리고 오후 6시에는 고베항에서 찬양 사역, 율동과 기도회를 2시간 정도 하였다.

 8월 17일 오전에는 일본인 교회(J-HOUSE)(이다가츠야 목사)에서 청년사역특강을 들었다. 이 교회 목사님은 캐나다에서 예수님을 영접하였고 개척할 때에는 가족 3인으로 시작하였는데 현재 교인 수는 150명이며 대부분 청년들이며, 예배는 찬양으로 시작하여 기도, 설교, 헌금, 찬양으로 끝나는 열린 예배 방식이다. 오후에는 오사카성(성 주위를 인공호수와 방어벽이 이중으로 되어있음)으로 갔다, 성안에는 넓은 광장과 도서관과 집무실이 있었는데 도서관은 공개하지 않고 집무실은 현재 역대 성주이름들과 옛날 일본인들이 사용하였던 소장품들이 진열되어 있다. 그 성의 광장에서 찬양사역을 시작하자 경비원이 찾아와서 중지 요청이 있어 중지하고 말았다. 그리고 오후 6시에는 오사카시에서 가장 복잡한 거리인 남바거리 중간 연결통로 공간에서 찬양사역을 하는데 경찰들이 찾아와서 중지 요청하여 중지하였다. 저녁 11시 30분부터는 지금까지 일본에서 보고 느낀 소감과 앞으로 선교 비전을 발표하는 시간을 2시간 가졌다.

 8월 18일 오전 10시에 오사카 일본인 교회(J-HOUSE)에서 주일 예배를 드린 후 오후에는 오사카를 출발하여 일본 간사이공항으로 이동하여 오후 5시 간사이공항 출발하여 오후 6시 40분 인천공항에 도착하였다.

 금번 단기선교를 통하여 느낀 점은 일본에서는 오아시스(아침 인사, 고맙습니다, 실례합니다, 미안합니다)운동을 하였다고 하는데 우리나라도 오아시스 운동과 거리가 깨끗한 점, 신호등 지키기, 줄서기 질서 지키기 등은 본받아야 한다고 생각되었다. 그리고 일본인은 겉으로는 상냥한 것 같은데 속마음은 잘 드러내지 않는다고 한다.

그런데 일본에서는 물가가 너무 비싸고 건물 임대료가 비싸서 한국인이 일본에서 사역하기가 경제적으로 너무 어렵다고 하였으며, 현재 일본의 시골에는 교회가 없고 도시에도 교회 찾기가 힘들어 선교사역이 계속 요구되는 나라 중의 하나이다. "너희는 복음의 빚진 자라"(롬 1:14)는 말씀대로 일본만 아니라 온 천하에 다니면서 계속 선교활동을 해서 한사람이라도 더 하나님의 자녀가 되도록 노력하여야 한다.

중국에 의료봉사와 선교를 가다

　중국은 면적이 960만㎢, 인구가 14억 명의 나라로 중국인의 대부분을 차지하는 한족(94%) 외에 55개의 소수민족으로 나뉜다. 중국은 외형적으로는 누구나 개인이 희망(1,500만 명)하는 신앙을 가질 수 있다는 식의 자유를 보장하는 것처럼 보이나 그 내부는 신앙의 자유를 제한하여 어떤 명목이나 이유, 방법을 불사하고 자기의 신앙을 다른 사람에게 전파하지 못하도록 통제하고 있다. 만일 외국인이 어떤 신앙을 전파하다가 공안(公安)기관에 적발되면 즉각적으로 강제 출국 조치가 된다.
　그럼에도 불구하고 현재 중국에는 한국에서 파송된 선교사와 평신도 사역자를 모두 합하면 약 3,000여 명이나 된다고 하며, 당국에 등록되어 통제를 받고 있는 삼자교회(자치, 자전, 자양)가 약 3,000여 교회가 있고 당국에 등록하지 않은 가정교회의 숫자는 알 수 없으나 현재 중국에는 교인 숫자가 약 1억 5,000여 명이나 된다고 한다.

　금번(2008. 8. 18~8. 25)에 참가한 단기 선교팀(지구촌 가족공동체)은 출발 전 1개월간 금식기도와 중보기도를 하고 매 월요일 19시 30~22시까지 교재를 가지고 준비 모임을 가졌다.

　8월 20일 아침 9시에 의료봉사팀 15명(팀장: 1명, 양약의사 : 1명, 한약의사 : 1명, 간호사 : 1명, 한약보조 : 1명, 머리미용 : 1명, 중보기도 : 3명, 사진촬영 : 1명, 접수, 안내 : 4명, 회계 : 1명)과 중국에 파송된 한국인 선교사 2명과 현지인 1명 등 모두 18명이 중형 버스를 이용하여 여관을 출발하여 4시간 동안 달려서 중국의 운남성 미전도 지역, 교회와 교인이 없고 공안파출소가 없는 고산지역(해발 3,0000m) 오지 마을인 화꽁지족(60가구 약 240명)마을에서 의료봉사활동을 하였다.

　8월 21일 홍이족(100가구 약 400명)마을, 8월 22일에는 묘족(70가구 약 280명)마을과 묘족마을 신학교(학생 : 30명)에 찾아가서 의료봉사활동과 대기시간에는 중보기도 팀이 환자에게 "예수님이 당신을 사랑합니다". "예수님이 당신을 치료하십니다."라고 말하고 아픈 곳에 손을 얹어 치유기도를 하였다. 그리고 머리 미용 팀은 별도로 다른 장소에서 머리를 깎아주는 미용 봉사활동을 하였다.

　그들의 생활 형편은 의료시설이 없어 우리 일행이 의료봉사할 때 매우 감사하게 생각하여 그 마을을 떠날 때마다 헤어지기가 매우 아쉬운 듯 계속해서 우리들이 보이지 않을 때까지 손을 흔들며 인사를 하였다. 우리들이 봉사활동을 한 마을에서는 여관이 없기도 하지만 혹시 휴대폰으로 외부지역 사람이 자기 마을에서 잠잔다고 신고하면 공안기관에서 찾아오기 때문에 봉사활동을 한 뒤에는 빨리 그 지역을 3시간 이상 이동하여 다른 지역에서 잠을 잤다.

8월 22일 흑이족 마을을 향해 산길을 2시간 이상을 달렸다. 가는 도중 2일 전에 비가 많이 와서 비포장도로가 진흙투성이가 되어 바퀴가 빠져서 도저히 들어갈 수가 없었다. 계획을 변경하여 묘족 마을 신학교로 가기로 하였다.

묘족 마을 신학교는 승용차가 올라갈 수 없는 높은 지역이었다. 유일한 교통수단인 경운기를 타고 30분가량 산길을 올라가니 그곳에 작은 신학교가 세워져 있었다. 한국 선교사들이 교대로 와서 신학공부를 가르치고, 1년 동안 신학공부를 하고 졸업하면 중국에 있는 묘족 마을 가정교회에서 사역을 담당한다고 하였다.

현재 재학생 수는 30명이고 나이는 17, 18세이었고, 우리 일행이 도착할 때에는 교문에서 양쪽으로 두 줄을 서서 환영하는 찬양을 불렀다. 의료봉사활동 후에는 같이 찬양발표도 하고 서로 손잡고 기도할 때에 눈시울이 뜨겁게 성령님이 역사하심을 느끼게 되었으며, 헤어질 때에는 "다시 만납시다.(짜이 찌엔)"을 계속 외치면서 인사를 하였다.

8월 23일 민족촌에 들렀는데 그곳에는 교회(약 200평)가 세워져 있었으며, 교회 내부 양쪽 옆벽과 뒷벽에는 천지창조로부터 예수님이 십자가에서 죽으시고 부활하신 모습까지를 벽화로 장식되어 있었다. 그리고 주일날에는 누구든지 와서 예배를 드릴 수 있다고 하였다.

8월 24일 주일날 오전에는 한국의 장로님이 경영하는 여관 커피숍에서 주일 예배를 드렸다. 오후에는 관광지인 석림(石林)에서 돌기둥들이 숲을 이루고 있는 산들을 보면서 나머지 시간을 보냈다.

이번 중국 운남성 미전도 지역 단기 선교활동을 통하여 느낀 것은 중국에는 신앙이 자유롭지 못하고 전도를 못하도록 통제를 하고 있기 때문에 아직까지 전혀 복음이 전파되지 못한 곳이 너무나 많아서 복음을 먼저 받은 우리들이 이러한 미전도 지역에 가서 의료봉사활동과 겸하여 전도활동도 계속해서 하여야 한다고 생각되었다.

필리핀 빈곤 선교지를 가다

금번에 아시아 빈곤선교센터(안양제일교회 외 14 교회로 구성)는 필리핀 빈곤 선교지를 방문하여 그 실태를 조사하여 앞으로 선교비 지원계획을 수립하기 위하여 선교위원장 장로 4명과 캠프 대표 목사 1명이 필리핀 빈곤 선교지를 방문하게 되었다. 2009년 4월 14일 오전 8시 35분 인천 공항을 출발하여 12시 35분에 마닐라 공항에 도착하였다.

점심식사 후에 현지 선교사 1명과 함께 마닐라 빈곤 선교현장(톤도)을 찾아갔다. 필리핀은 인구가 약 8천 8백만 명이 된다고 하는데 그 가운데 빈곤층에 속하는 인구가 전체 인구의 50%라고 한다. 그 곳 날씨는 1년 중 더운 여름철이었으며, 찾아간 곳은 여러 가지 쓰레기 매립장과 숯을 만드는 곳이 함께 어우러져 있는 곳인데 흙을 너무 얇게 덮어서 온갖 냄새, 먼지, 연기 등으로 잠시도 머물기 어려운 환경인데도 불구하고 판잣집이 서로 연결되어 가득 차 있었다. 거기에 살고 있는 사람들은 쓰레기 중에서 재활용품을 골라내어서 그것을 팔아서 생활하고 있다고 한다.

선교현장(Joyfull Land Mission) 건물은 지붕과 벽이 판자로 연결하여 건축한 것인데도 약 200명의 어린이를 모아 놓고 찬양을 부르고 있었다. 찬양이 끝나자 참석한 어린이에게 식권을 배부하여 빵 1개와 주스 1봉지를 나누어 주었다. 사역자는 한국인 선교사 1명과 현지인 1명, 여러 자원봉사자들이 있었다. 우리 일행은 선교비를 전달하고 그들을 격려하였다.

4월 15일 아침에는 마닐라 톤도의 나보타스강 하구지역인데 강물 위에도 나무로 판잣집을 짓고 강 주변과 고가도로 밑에도 판잣집을 서로 연결되게 지어서 통로도 한 사람이 겨우 들어갈 수 있는 옆집과 붙여 지은 집들이고 그것도 2층까지 위험하게 지은 집인데 한 채에 4가구가 살고 있다고 하였다.

이곳의 사람들은 지방에서 무작정 상경한 가난한 사람들이기 때문에 위험하게 물 위에 집을 짓고 생활하고 있다. 모든 판잣집이 한데 연결되어 붙어 있어 화재가 나면 모두가 한꺼번에 다 타게 되는 위험한 상태로 생활을 하고 있었다.

그곳에는 아직까지 선교현장이 없고 초등학교 입학 전 단계인 유아들의 기초적인 글을 가르치는 유아교육장(Learning Center)이 있는데 장소도 좁고 많이 수용할 수도 없어 1개월에 얼마씩 돈을 내고 교육을 받을 수 있다고 하였다.

또 다른 곳에서는 컴퓨터 기초 과정을 가르치는 곳(E-Learning Digital Center)이 있었는데 엔지오 선교단체의 도움으로 운영하고 있다고 하였다. 수용 장소는 좁은데 신청한 인원이 너무 많아서 1일에 3차례나 사람을 바꾸어서 교대로 교육을 실시한다고 하였다. 우리 일행은 그곳에서도 선교비를 전달하고 그들을 격려하였다.

오후에는 마닐라 바세코 지역을 찾아갔다. 그곳 역시 쓰레기를 매립한 땅인데 오래되어 땅이 조금 단단하여졌고 4년 전에 해비타트(사랑의 집짓기)의 지원으로 약 10,000세대 정도가 지어져 있었고 한쪽에는 아직도 판잣집이 서로 연결되어 지어져 있는 곳으로 바닷가에 접하여 있었다.

이곳 사람들도 쓰레기를 분리수거하여 그것을 팔아서 생활비를 마련한다고 하였다. 이 지역의 선교현장(Wmc Care Feeding Center) 건물은 블록 벽을 쌓아 스레트 지붕을 한 것으로 창문을 너무 높게 내어 건물 안이 너무 더웠다. 매일 각 반별로 나누어서 성경공부를 한 후에는 오후 3시가 되면 점심 겸 저녁 식사로 식권을 주어서 밥과 닭고기와 물을 담은 식판으로 약 200명 정도를 먹게 한다고 하였다. 우리 일행은 그곳에서도 선교비를 전달하고 그들을 격려하였다.

빈민촌 지역은 수돗물이 공급되지 않아서 공동수도가 있는 곳에 가서 돈을 주고 물을 사서 물지게로 지고 와서 먹고 있었으며, 강하구 지역과 고가도로 밑에서 사는 사람은 전기 공급도 없이 살고 있었다. 그리고 이 지역에는 모두 비포장도로이며 교통수단은 트라이시클이라는 오토바이에 옆에 짐칸을 붙여 사람도 6명이 타기도 하고 짐도 운반하는 것이 유일한 교통수단이었다.

필리핀 국가는 빈곤촌 인구가 너무 많아서 정부에서도 어떻게 해결할 수 있는 방안이 없는 상태이므로 세계 각국에서 관심을 가지고 계속해서 도움이 필요한 나라라고 생각되었다.

해외선교 및 연주를 가다 (호주·뉴질랜드)

솔리데오(오직 주님께) 장로합창단은 초교파 80여 개 교회 장로 130명인 남성합창단과 '솔리데오' 여성합창단으로 구성되어 있다. 2009년에는 중국의 심양, 연길, 단동에서 제1회 해외 연주회를 하였으며, 금번에는 호주, 뉴질랜드에서 제2회 해외 연주를 하게 되었다.

2011년 8월 11일 합창단 95명(남자: 60명, 여자: 35명)이 인천공항을 출발하여 10시간 걸려서 12일 06시경에 호주 시드니 공항에 도착하였다. 호주는 땅 넓이가 우리나라의 33배가 된다. 인구는 2,100만 명이며, 수도는 캔버라이다. 시드니는 땅 넓이가 서울과 경기도를 합한 넓이가 된다.

한국과 다른 점은 한국은 현재 무더운 여름인데 호주는 초겨울이었고 해가 동쪽에서 떠서 북쪽을 거쳐서 서쪽으로 진다. 그리고 차량에 운전석이 오른쪽에 있고 자동차가 좌측통행을 한다. 시간차는

1시간 더 빠른 시간이다. 1년 동안 관광객 숫자가 호주 인구보다 더 많다고 한다. 호주는 1780년 영국인이 들어오기 시작하여 1788년 영국이 지배하는 나라가 되고 원주민(에베리즘)은 현재 25만 명 정도, 국민소득은 5만 불 정도이다. 현재 시드니에는 한국인이 6만여 명 살고 있고 교인이 200명 이상 되는 교회는 10여 개 교회가 있으며, 소규모 교회가 약 100여 교회가 된다. 종교는 그리스도교(영국성공회, 장로교 등)가 주축을 이루고 있다.

시드니 도착 후 야생 동물원으로 이동하여 코알라, 캥거루, 에유 등을 관람하였다. 중식 후에는 마운틴 국립공원에서 전설의 세 자매 봉과 에코포인트 관광을 하고 협곡 궤도열차(옛날 석탄 운반차를 개조)를 탑승하고 경사가 60도 이상 되는 경사진 길을 아래로 100m 정도 내려갔다. 거기서 옛날 석탄을 캔 장비가 있었다. 현재는 더 이상 석탄을 캐지 않고 있었다.

산은 도로보다 아래로 내려가는 협곡으로 된 산이 있으며, 산에는 쿠알라 새가 살 수 있는 나무(유칼립 투수)들이 우거져있다. 이 나무들은 알코올과 기름 성분을 발산하여 멀리서 바라보면 산이 푸른색의 안개가 덮인 것 같이 보였다. 그리고 남태평양 최대 규모의 해양 수족관인 아쿠아리움을 관광한 후 유람선을 타고 선상에서 저녁 식사를 하면서 세계 3대 미항인 시드니 항만을 감상하는 시간을 보냈다. 그리고 시드니 호텔에서 여정을 풀었다.

13일 조식을 한 후에는 본다이비치, 캡퍅 등 시드니 동부 해안을 관광하였는데 초겨울이라 해수욕을 하는 사람은 없었으나 해안가를 거닐면서 휴식을 취했다. 모래사장은 아주 고운 금모래가 깔려 있어 걸어가도 신발이 빠져들지 않았다. 오후에는 시드니 항에 있는 오페라 하우스, 하버 브릿지, 미세스 맥콰리 포인트 등 시내 관광을 하였다.

　석식을 한 후 19시부터 시드니 영락교회에서 1차 해외 연주를 하였는데 참석 교인은 250여 명이고 젊은 층의 교인들도 많았다. 찬양은 가사를 모두 암기하여 불렀는데 부르는 자나 듣는 자가 다 같이 은혜 충만하여 하나님에게 큰 영광을 돌렸으며, 앵콜곡으로 「고향의 봄」을 불렀을 때에는 눈물을 흘리는 장면도 보였다.

　14일 오전 10시 30분부터 시드니 현지인 교회에서 시드니에서 2차로 예배찬양 2곡을 부른 후 말씀을 읽고 강해설교 후에 3곡, 남성 찬양 5곡, 트럼펫 1곡을 찬양하면서 예배를 드렸다. 말씀과 설교는 영어와 한국어로 목사님 혼자서 직접 하셨다.

　교인들은 젊은 사람은 없고 모두 나이가 많은 사람들만 60여 명이라서 젊은 사람들이 앞으로 많이 나오기 위해 기도 중이라고 하였다. 중식 후에는 14시부터 열린문교회에서 3차 연주회를 하였다. 참석 교인은 200여 명 되는데 젊은 층도 많았다. 찬양하는 동안은 부르는 자나 듣는 자가 한마음 한뜻이 되어 하나님에게 큰 영광을 돌려 드렸다. 잠시 휴식을 취하고 저녁식사를 한 후에는 시드니 순복음교회에서 4차 연주회를 가졌다. 참석 교인 숫자는 250여 명 되는데 젊은 층도 많았다. 찬양하는 동안은 1차 때와 같이 부르는 자나 듣는 자가 한마음 한뜻이 되어 하나님에게 큰 영광을 돌렸다.

　15일 오전에 시드니 공항으로 가서 09시 출발하는 항공기를 타고 2시간 걸려서 뉴질랜드 북섬에 있는 오클랜드 공항에 11시 25분에 도착하였다. 뉴질랜드는 북섬과 남섬 두 개의 큰 섬으로 되었으며, 화산 폭발로 생긴 땅이라서 육지에서 볼 수 있는 사나운 동물이 없고 남섬에서는 양을 많이 기르고 있고 북섬에서는 젖소를 많이 기르고 있다. 땅 넓이는 270,534km²이며, 인구는 423만 명이다. 수도는 웰링턴이며, 종교는 영국 성공회, 장로교가 주축을 이루고 있다. 여기도 해가 동쪽에서 떠서 북쪽을 거쳐서 서쪽으로 진다. 일기는 호주보다 약간 더 추운 날씨이다. 자동차의 경우도 좌측통행을 한다. 한국과 시간차는 3시간 빠른 시간이며, 오존층이 깨어져서 햇빛을 직접 쳐다볼 수가 없기 때문에 모두 색안경을 쓰고 다닌다.

그리고 화력발전소도 없고 화학제품 공장도 없어서 전기는 남섬에서 공급하는 수력발전과 북섬에 있는 지열발전을 이용한다. 쌀과 플라스틱 제품 등은 다른 나라에서 수입하고 비가와도 물이 땅속으로 스며들고 고여 있지 않아 논은 없고 양과 젖소들이 먹는 넓은 푸른 초장이 많아서 옮겨가면서 풀을 뜯어 먹으며 자란다.

뉴질랜드 공항에서는 음식물이나 육지의 어떤 동물들도 가지고 들어오지 못하도록 철저하게 검열을 한다. 오클랜드 공항에 도착한 후 점심식사를 하고 에덴동산, 미션베이, 하버브릿지 등 시내 관광을 한 후 자동차로 3시간 달려서 유황과 온천의 도시인 로토루하로 갔다. 도중에서 끝없이 이어지는 푸른 초원과 젖소가 젖을 짜기 위해서 1열로 서서 기다리고 있는 모습도 보았다. 저녁식사 후 호텔에서 여정을 풀었다.

16일 오전에 가까운 곳에 있는 아그로돔으로 이동하여 그곳에서 양털 깎기 쇼와 인근 초장에서 개가 양을 몰이하는 시범쇼를 관람한 후 트랙터를 타고 농장을 견학하는 팜투어를 하면서 동물들에게 모이를 주는 일도 직접 체험하였다. 그리고 원주민 마오리 건축의 역사를 느낄 수 있는 전통 가옥을 관람하고 간헐천, 진흙 열탕 등 살아있는 지열지역을 체험하였다. 그리고 가까운 곳에 있는 폴리네

시안 풀에서 수영복 차림으로 야외 유황 온천을 하였다. 저녁시간은 원주민 마오리 민속쇼를 감상하면서 원주민 전통 식사를 한 후 호텔로 향했다.

17일 오전에 레드우드 수목원으로 갔다. 그곳에는 수백 년 동안 자란 큰 나무들이 많이 우거져 있어 세 사람이 양팔을 벌려서 잡아야 되는 큰 나무들도 여기저기 있었다. 그곳에서 산림욕을 1시간 이상 하였다. 점심식사 후에는 2시간 이상 자동차를 달려서 오클랜드로 향해 갔다. 잠시 휴식을 취하고 저녁식사를 한 후 19시 30분부터 오클랜드 순복음교회에서 5차 해외 연주회를 하였다. 참석 교인은 200여 명 되었으며, 젊은 사람들도 많이 있었다. 찬양하는 동안은 부르는 자나 듣는 자가 다 같이 은혜 충만하여 하나님에게 큰 영광을 돌렸다. 그리고 오클랜드 호텔로 갔다.

18일 새벽 6시 공항으로 가서 아침식사를 한 후 8시 40분 오클랜드 공항을 출발하여 12시간 걸려서 오후 5시 40분에 인천공항에 도착하였다. 호주와 뉴질랜드는 땅은 넓고 인구는 적은 나라로 장수하는 나라 중에 속한다. 그것은 평소에 수입의 20~30%를 국가에 세금으로 납부하면 국민카드를 발급하는데 병원 치료비가 무료이므로 매년 건강진단을 받아 건강을 잘 유지하며, 고등학교까지의 자녀 교유비는 무료이다. 대학교는 는 원하는 자만 들어가고, 60세가 되면 국가에서 연금을 받아서 생활하여 노후 생활이 안정되어 있다. 그리고 국민성이 정직하고 질서를 잘 지키는 점은 우리가 본받아야 하겠다고 생각되었다.

인도에 해외 연주를 가다

솔리데오(오직 주님께)장로 합창단은 초교파 장로 130명의 남성합창단과 50명의 여성합창단으로 되어 있다. 2009년에는 중국의 심양, 연길, 단동에서 제1회, 2011년에는 호주, 뉴질랜드에서 제2회 해외연주를 하였으며, 금번에는 제3회 해외연주회를 한국-인도 수교 40주년 기념찬양 연주회로 인도의 델리와 첸나이에서 하게 되었다.

2013년 7월 19일 오후 2시 114명(남자 68명, 여자 46명)이 인천공항을 출발하여 홍콩을 경유하여 9시간 걸려서 오후 10시에 델리공항에 도착하여 델리 힐튼호텔에서 여정을 풀었다. 인도는 인구 12억이고, 국토면적은 남한의 33배이며, 시간차는 3시간 30분이다.

종교는 힌두교인 80%, 이슬람교인 18%, 기독교인 2%이며, 한국인은 수도델리에 약 6,000명, 첸나이에 약 3,000명 거주하고 있으며, 첸나이에 예수님의 제자 도마가 순교한 곳이 있다. 20일(토)에는 조식 후 델리공항으로 이동하여 2시간 30분 걸려서 첸나이 공항에 도착하여 198년 된 사도 도마 순교기념 교회 기념탑 앞에서 야외 연주회를 한 후 도마가 기도한 지하땅굴과 순교지를 관람하였다.

21일 오전에 남성 찬양단은 첸나이 한인장로교회(주성학 목사) 11시 예배에 참석하여 찬양을 하고 여성 합창단은 마드라스 첸나이 한인교회 11시 예배에 참석하여 찬양하였으며, 오후 2시에는 첸나이 한인장로교회에서 첸나이 한인들을 위한 음악회를 1시간 30분 동안 가졌다. 찬양은 가사를 암기하여 불렸는데 부르는 자나 듣는 자가 다 같이 은혜 충만하여 하나님에게 큰 영광을 돌렸으며, 앵콜송 「고향의 봄」을 부를 때에는 눈물을 흘리는 성도도 있었다. 그리고 오후 6시에는 CSI(남인도 교회)에서 연주회를 1시간 30분 동안 가졌는데 참석인은 모두 현지인으로 약 500명이 되었다. 연주회 후 호텔(RESIDENCY)로 이동하였다.

22일 오전 전용 버스로 5시간 달려서 인도의 최초 선교사(김영자)가 설립한 크리쉬나기리 기독교 학교 운동장에서 야외 음악회를 가졌다. 그런데 우리가 공연을 마치고 출발한 후 10분 뒤에는 폭우가 내린다고 연락이 왔다. 오후에는 칸치푸람(남인도 최대의 한두교 성지)를 관람하였다.

23일 오전 첸나이 공항으로 이동하여 2시간 30분 걸려서 델리공항에 도착하여 세인트 마틴교회(북인도 교회: 유동윤 목사)로 이동하여 공연 리허설 및 기도회를 가진 후 오후 6시에 한국·인도 수교 40주년 기념 찬양 연주회를 2시간 동안 가졌다. 기념찬양 연주회는 인도학교 어린이 식전 공연: 2곡, 솔리데오 장로합창단: 10곡, 솔리데오 여성합창단: 2곡, 콰이어 차임: 2곡, 바리톤 솔로 조상현: 2곡, 현지 델리한 인교회 찬양대: 2곡 마지막은 모든 대원이 할렐루야 대곡 합창 순서로 진행하였고 참석 인원은 현지인 약 1,000명 정도 되었다. 참석인 중에는 그 지방을 다스리는 고위직 공무원들도 있었다.

24일 오전 전용버스로 5시간 30분 걸려서 델리아그라에 있는 타지마할(궁전 형식의 묘로 인도의 대표적인 이슬람 건축물)에 가서 문화 체험을 하였다. 그리고 5시간 30분 걸려서 오후 9시에 델리 한인교회(정용구 목사)에서 수요 예배를 드렸다.

25일 오전 전용 버스로 1시간 이동하여 악사르담(2005년에 완성된 힌두교 사원으로 거대한 규모와 정교한 조각으로 장식된 건축물)을 관람하고 오후 6시에는 세인트 마틴교회(유동윤 목사)에서 인도 선교사님들을 위한 음악회를 공연하고 출발 예배를 드린 후 델리공항으로 이동하여 오후 11시 10분 출발 홍콩을 경유하여 26일 오후 1시에 인천공항에 도착하였다.

금번 해외연주회는 인도 첸나이 정연수 선교사의 협조가 컸으며, 인도는 힌두교와 이슬람의 대립과 빈익빈 부익부 양극화가 심화되어 있고 경제 성장률은 8,9% 카스트 제도, 변하지 않는 의식구조 등으로 모든 분야가 완만한 상태인 것 같이 보였다.

고속도로에는 휴게소가 없어 불편했고 미개발지가 많이 보였다. 시내에는 보도가 없고 자동차는 좌측통행을 하고 있었다. 인도는 예수님의 제자 도마가 순교한 땅이며, 신(神) 3억 3천이 숭배의 대상으로 변해버린 힌두의 땅이며, 강력한 이슬람 세력이 존재하는 땅으로 일찍이 포르투갈, 프랑스, 영국의 기독교 문화가 들어 왔지만 변하지 않는 땅이다. 현재 전 세계 미전도 종족 3,300 중 미전도 지역 2,500 종족이 살고 있는 땅이므로 앞으로 계속 인도 선교 사역이 요구되는 나라 중 하나이다.

특히 괄목한 것은 현대 자동차 공장이 첸나이 외곽에 넓은 장소를 보유하고 있고 현재 인도 자동차 시장 점유율이 2위이다.

미주지역 해외연주를 가다

솔리데오(오직 주님께) 장로합창단(이사장:정성길, 단장:윤남훈, 지휘:석성환)은 초교파 장로 140명의 남성합창단과 50명의 솔리데오 여성합창단으로 되어 있다. 2009년에는 중국의 심양, 연길, 단동에서 제1회, 2011년에는 호주, 뉴질랜드에서 제2회, 2013년에는 인도의 델리, 첸나이에서 제3회 해외연주를 하였으며, 금번에는 제4회 해외연주를 미국의 뉴욕, 워싱턴, LA에서 개최하게 되었다.

2015년 7월 18일 오전 10시 155명(남자: 89명, 여자: 66명)이 인천공항을 출발하여 13시간 걸려서 뉴욕 JFK공항에 도착 후 뉴저지 숙소로 이동하여 여정을 풀었다.

미국은 면적이 9,826,675km²이며 50개 주로 구성되어 있고 인구는 약 3억 2천만 명이며, 건국일은 1776년 7월 4일이다. 종교는 개신교: 51%, 카톨릭: 24%, 모르몬교: 1.7%, 유대교: 1.7%, 불교: 0.7%, 이

슬람교: 0.6%이다. 수도는 워싱톤DC 이며, 종족구성은 백인 79.96%, 흑인: 12.85%, 아시안인:4.43%, 인디언 및 알래스카인: 0.97%, 원주민: 0.18%, 다민족: 1.61%이며, 한국인은 약110만 명인데 LA가 60만 명이며, KOREA타운도 있다.

금번 연주회는 LA죠이풀 합창단(단장:이종문 장로)과 함께 연주회를 갖기로 하였다. 7월 19일(주일) 남성합창단은 뉴저지 프로미스교회(김남수 목사)에서 11시 예배시간에 6곡을 찬양하였으며, 찬양은 가사를 모두 암기하여 불렀는데 부르는 자나 듣는 자가 다 같이 은혜 충만하여 하나님께 큰 영광을 올려드렸다. 참석 교인은 약 700명이 되었으며 교회는 시내 한가운데 위치하고 있었다. 여성은 뉴욕 필그림교회에서 11시 예배 시간에 2곡을 찬양하였다. 그리고 오후 6시에는 뉴저지 필그림교회(양춘길 목사)에서 전체 음악예배(남성합창단: 9곡, 여성합창단: 2곡, 콰이어 차임: 2곡, 테너독창: 1명, 바이올린: 1명)를 드렸는데 모든 순서마다 우레 같은 박수소리와 함께 부르는 자나 듣는 자가 한마음 한뜻이 되어 다 같이 하나님께 큰 영광을 올려 드렸다. 여성합창단도 가사를 모두 암기하여 찬양하였는데 율동과 부채춤(2명)을 겸하여 더욱 은혜가 충만하였다. 또한 파란 불빛이 번쩍이는 전자 바이올린 독주의 인기가 대단히 좋았다. 참석 교인 수는 약 500명이 되었다.

7월 20일(월) 조식 후 유엔본부 공연을 위해 맨해튼으로 이동하여 오후 1시에 유엔본부 광장에서 여성합창: 2곡, 죠이풀합창단: 2곡, 남성합창단: 3곡을 찬양하였으며, 연주가 끝나자 주미 유엔 부대사(한충희)의 칭찬과 격려의 말씀을 하셨다. 그리고 인근에 있는 엠파이어 스테이트 타워 빌딩을 관람하였으며, 유람선을 타고 프랑스가 건축하였다는 '자유의 여신상'을 관람한 후 록펠러 기념관 거리를 거쳐서 숙소로 이동하였다. 이 나라의 국민들은 아침에 누구든지 만나면 "굿모닝" 인사하는 습관이 있고 시내 거리에 걸어 다니는 사람들의 옷차림은 정장은 찾아보기 힘들고 입기에 편한 자유스러운 복장이며 날씨가 더운 까닭인지 소매 없는 티셔츠와 반바지를 입고 다니는 모습도 보였다.

7월 21일(화) 조식 후 출발하여 리버티 스테이트 파크에서 자유롭게 관광을 한 후 미 육군 사관학교로 이동하였다. 넓은 대지 위에 교육시설과 숙소와 넓은 운동장 등 모든 것이 잘 갖추어져 있었다. 그리고 세계에서 가장 큰 명품점이 있는 우드버리 아웃렛에서 쇼핑한 후 헤밀턴파크에서 맨해튼 전경을 바라보면서 감상한 후 숙소로 이동하였다.

7월 22일(수) 조식 후 이승만 대통령이 공부하였다는 뉴저지에 소재한 프린스턴 대학을 방문한 후 필라델피아에 있는 몽고메리교회(최혜근 목사) 한국 기독교 군선교연합회가 주관하는 솔리데오 합창단 필라방문 찬양 및 기도회에서 남성합창단이 2곡을 찬양하였고 애국가도 불렀다. 미국에 있는 교포들이 조국의 통일을 위한 노력과 기도가 계속되고 있음에 큰 감명을 느꼈다. 그 교회에서 준비한 중식을 맛있게 먹은 후 워싱턴으로 이동하여 오후 7시에 워싱턴 베다니 장로교회(김영진 목사)에서 전체가 공연하는 음악 예배를 드렸다. 참석 교인은 약 500명 이 되었다. 교회는 단층이나 넓은 대지를 확보하고 있었다.

7월 23일(목) 조식 후 이동하여 한국전쟁 참전용사기념비가 있는 곳으로 향하였다. 그곳에서 찬양 2곡을 불렀는데 석판에는 USA 부

상자: 103,284명, 포로: 7,140명, 실종자: 8,177명, 사망자: 54,246명이라고 기록된 것을 보는 순간 우리나라를 위해 이렇게 많은 군인들이 희생당한 것에 대한 감사함을 느끼게 되었다. 그리고 스미소니언의 항공우주 박물관과 자연사 박물관을 관람하고 백악관, 국회의사당, 링컨 기념관, 제퍼슨 기념관을 관람한 후 숙소로 이동하였다.

7월 24일(금) 조식 후 워싱턴 달라스공항과 볼티모어공항으로 분산하여 국내선으로 5시간 걸려서 LA 로스앤젤레스공항에 도착하여 오후 4시에 나성 한인교회(신동철 목사)에서 전체가 공연하는 음악예배를 드렸다. 참석 인원은 약 500명이 되었다. 교회는 단층이나 주차장을 위한 넓은 대지를 확보하고 있었다.

7월 25일(토)은 새벽 6시에 남가주 사랑의 교회에서 새벽예배를 드렸는데 남성합창단이 2곡을 찬양하였다. 참석 교인 수가 약 500명이었는데 새벽시간에 이렇게 많은 인원이 참석한 데 대하여 놀라움과 새로운 용기를 얻게 되었다. 교회는 단층 건물이나 부속 건물과 주차장을 위한 넓은 대지를 확보하고 있었다. 조식 후 월마트와 시타델 아웃렛에서 자유롭게 쇼핑을 하고 다나 포인트 비치 해변가로 이동하여 죠이풀 합창단이 준비한 LA갈비와 꽁치 등으로 모두들 맛있게 중식과 석식을 대접 받게 된 것을 감사하게 생각하면서 족구와 게이트볼 경기를 하면서 하루를 즐기게 되었다.

7월 26일(주일) 조식 후 나성 영락교회(김경진 목사)로 이동하여 오전 8시 40분에 예배를 드렸는데 남성합창단이 2곡을 찬양하였고 참석 교인은 약 1,000명이 되었다. 교회는 단층 건물이나 1천석 이상 되는 좌석과 100명의 성가대석이 있었고 주차장을 위한 넓은 대지도 확보하고 있었다. 그리고 11시에는 은혜 한인교회(한기홍 목사)에서 예배를 드렸는데 남성합창단이 2곡을 찬양하였다. 참석 교인은 약 1,200명이 되었으며, 모든 교인에게 김치 국밥을 대접하며 선교활동을 많이 한다고 하였다. 교회 건물은 중 2층 현대식으로 넓은 식당과 부속 건물들을 건축하였고 주차장도 넓은 대지를 차지하여 잘 정리되어 있었다. 그리고 오후 4시에는 나침반 교회(민경엽 목사)에서 전체가 출현하는 음악예배(남성합창단: 9곡, 여성합창단: 2곡, 콰이어 차임: 2곡, 테너독창: 1명, 바이올린: 1명)를 드렸는데 모든 순서마다 우레 같은 박수소리와 함께 부르는 자나 듣는 자가 한마음 한뜻이 되어 다 같이 하나님께 큰 영광을 올려 드렸다. 참석 교인은 약 500명이 되었다. 교회는 단층 건물이나 아주 아담하게 잘 건축하였으며 주차장도 넓은 대지를 확보하고 있었다. 민 목사님은 어릴 적부터 찬양을 매우 좋아하셨다고 하면서 모든 문제를 찬양하면서 극복하셨다고 하였다.

 7월 27일(월) 한국으로 귀국하는 1진(74명)은 LA 로스앤젤레스공항으로 이동하고 2진(66명)은 2박 3일간 관광길에 오르고 그 나머지는 현지에서 각각 친지를 찾아가게 되었다. 2진은 모하비 사막을 가로질러 바스토를 경유하여 4시간 30분 달려서 라스베이거스로 이동하였다. 그리고 라스베이거스 시내 관광 및 야경을 관광하였는데 올드타운 전구쇼장에는 5층 높이에 작은 전구를 가설하여 여러 가지 그림이 나타나게 만든 것과 공중에 굵은 쇠줄을 타고 두세 사람이 이동하는 모습은 보기가 좋았으며 이것을 한국의 LG 기술진이 만들었다고 하였다. 그리고 베네시언 호텔은 건물 안 공간을 5층 높이의 천정을 하늘과 새가 날아가는 모습을 그린 것이 실제 하늘과 같이 느끼며 바라볼 수 있게 만들어져 있었다. 또한 사막지역을 이렇게 화려한 도시로 만들었다는데 놀라움과 인공호수를 만들어 분수 쇼를 하는 모습도 보기에 좋았다. 이곳에는 서울의 하야트 호텔보다 더 큰 호텔들이 10개 이상인데 호텔 1층은 카지노 게임기가 많이 설치되어 있고 호텔 식당도 있었다.

　7월 28일(화) 조식 후 신의 최후이자 최대의 걸작이라 불리는 '그랜드캐니언'으로 이동하기 위하여 사막 길을 5시간 달려갔다. 이곳은 신이 빚은 지상 최대의 조형물이라 불리며 죽기 전에 꼭 가 봐야 할 관광지 1위에 선정된 곳이라고 하였는데 우선 경비행장으로 가서 경비행기를 타고 관광을 하든지 I-MAX 영화관람을 하든지 선택하여 볼 수 있다.

　그리고 목적지에 도착하여 바라보니 과연 그 황홀한 장면은 모든 사람들을 감탄하게 하였다. 잠실 축구장의 2배의 넓은 땅이 평지보다 100m 깊이 아래로 흘러 들어가면서 만들어진 계곡은 여러 가지 기묘한 형태를 이루고 있었다. 이곳을 관광한 후 4시간 사막 길을 달려서 콜로라도 강변의 휴양도시 라폴린으로 이동하였다. 사막 길을 가는 도중에 2개의 태양열 발전소가 있었는데 43만 평 대지 위에 태양열판을 설치하여 18만 가구가 사용할 수 있는 전기를 생산한다고 하였다. 또한, 사막에 물만 공급하면 훌륭한 농토가 된다고 하였는데 강가의 넓은 곳이 푸른 초장으로 조성한 곳도 보였다.

　7월 29일(수) 조식 후 철도교통의 중심지인 바스토 경유하여 해군 장병들을 훈련하는 넓은 곳을 바라보면서 LA로 이동하였다. 7월 30일(목) 조식 후 LA 로스앤젤레스공항으로 이동하였으며 오후 12시 30분 LA 공항을 출발하여 12시간 걸려서 7월 31일(금) 오전

5시 30분에 인천 공항에 도착하였다.

　이번 미주지역 연주회를 통하여 느낀 점은 미국은 하나님이 복주신 아름다운 나라이며 모든 자원이 풍부한 넓은 땅을 가진 나라이므로 이 나라에서 살고 싶다는 충격을 받게 된다. 그리고 모든 국민들은 60세까지는 수입의 33%를 국가에 세금으로 납부하면 60세가 되면 국가에서 연금을 받게 되어 노후생활이 안정되어 있다. 그리고 도시 한가운데 오래된 건물들은 유럽식 건물처럼 이웃 건물과 간격을 두지 않고 건축되었는데 비상계단이 외부에 철판으로 조립되어 있었으며, 현대식 건물들은 이웃 건물과 충분한 공간을 두고 건축되어 있고 한국에서 볼 수 있는 아파트는 찾아볼 수 없고 시내를 벗어나면 200평 이상 대지에 주차장과 정원이 있는 전원주택들을 많이 볼 수 있었다.

해외 선교찬양(베트남·캄보디아)을 가다

　사단법인 솔리데오(하늘 영광 땅에 평화)의 남성중창단(이사장: 정성길, 단장:박남필, 지휘: 석성환)을 중심으로 해외선교 찬양을 위해 구성한 33명의 남성합창단은 2016년 11월 9일 오전 8시 인천공항을 출발하여 5시간 날아서 베트남 호찌민공항에 도착하였다. 그곳은 겨울 날씨라고 하는데 섭씨 26도이고 시차 2시간이 늦은 오전 11시였다. 수도 하노이는 북쪽에 있고 호찌민은 가장 남쪽에 있으며, 전체 인구는 9,300만 명인데 호찌민은 1,000만 명이다. 거리에는 오토바이와 자동차가 함께 어울려 밀물처럼 빽빽이 도로를 가득 메워 달리고 있는 모습은 다른 나라에서는 보기 힘든 장면이다. 오후에는 노틀담 성당과 중앙우체국을 관람하였는데 노틀담 성당 앞 기념탑에서 한 쌍의 신혼부부가 너울을 같이 쓰고 포옹을 하고 있는 모습이 보기에 좋았다. 그리고 뉴 퍼시픽 호텔에서 여정을 풀었다.

제2일(11/10)에는 호찌민 시내 관광과 2시간을 달려서 메콩강으로 달려갔다. 여기까지 오는 도중에 차창 밖으로 바라보니 벼농사를 2모작 한다고 하는데 산은 없고 끝없이 농장만 보일 뿐이고 논 가운데나 모퉁이에 가족묘들이 여기저기 보였다. 그곳에서 유람선을 타고 우리 일행은 메콩강을 건너가서 열대 늪 속에서 2인이 앞뒤에서 노를 젓는 4인용 소형 보트를 타고 200m 노를 저으며 주위를 바라보면서 즐거운 시간을 가졌다. 그리고 또다시 유람선을 타고 강을 건너오면서 강 주위를 관람하였다. 거기서 2시간 달려서 호찌민 시내 사이공 강에서 대형 유람선(2층)을 타고 선상에서 저녁식사를 하면서 선박에서 가수들의 노래와 춤과 마술을 관람하면서 2시간 동안 이동하면서 선상에서 호찌민 시내 야경을 바라보면서 즐거운 시간을 보냈다.

제3일(11/11) 조식 후 3시간을 달려서 월남전 당시 월맹군들이 대피소로 사용하였던 구찌에 도착해서 숲속에 있는 많은 땅굴과 적병이 함정에 빠져 죽게 하는 곳과 사격장을 관람하였고 몇 사람은 좁은 땅굴 속으로 기어 들어가서 약 50m를 기어가서 다른 출구로 나오는 체험도 하였다. 그곳에서 1시간 달려서 호찌민 신도시 지역에 있는 참조은 광성교회(담임: 문병수 목사)에서 오후 7시 30분에 1시간 동안 찬양을 하였는데 우리 합창단이 3곡 2회, 앵콜 2곡을 찬양하였고 소년소녀찬양대와 여성찬양대가 찬조 출연하였으며, 교인은 약 250명이고 모든 순서마다 우레와 같은 박수와 갈채를 받았으며 하나님께 크게 영광을 올려 드렸다.

제4일(11/12)에는 오전 7시에 호텔에서 출발 2시간 달려서 호치민 국경에서 캄보디아로 육로를 통하여 출국 수속과 입국 수속을 하는

데 1시간 30분이 소요되었다. 그곳에서 국경을 넘어 캄보디아로 3시간을 달려서 프놈펜 시내 중심에 있는 프놈펜국제예술대학(PPIIA) 입학식 행사에서 3곡을 찬양하였다. 동 대학의 이사장은 솔리데오 장로합창단원인 민성기 장로이고 총장은 사모 이찬해 권사이다. 이들 부부는 2010년 12월에 캄보디아에서 평생토록 선교사로 사역하기로 결심하고 프놈펜 변두리 공장지대 아파트 단지에 150평의 건물을 구입하여 유치원을 개원해서 어린이 교육을 하고 있고 2013년 4월에 프놈펜 시내 중심에 200평의 땅을 구입하여 본 프놈펜국제예술대학 9층 건물을 건축하여 6층은 연주홀 또는 외국인 예배실로 사용하고 나머지 각층에서는 피아노, 미술, 봉재 교습실 등으로 사용하고 9층 옥상은 성막과 예배실로 사용하고 있다. 그리고 랜드스캐이프 호텔에서 여정을 풀었다.

제5일(11/13) 오전 6시 30분에 새생명교회(현지인)에서 예배시간에 2곡을 찬양하였는데 교인은 약 1,500명이 되었다. 10시에는 외국인 예배(PPIIA 6층) 시간에 2곡을 찬양하였는데 교인은 약 200명이 되었다. 11시에는 한인교회인 프놈펜 제일교회(감리교, 담임:윤종철 목사)에서 예배시간에 3곡을 찬양하였는데 교인은 약 300명이 되었다. 그리고 오후에는 감리교 신학대학으로 이동하여 3층 강의실에서 26년 전에 프놈펜에 파송된 송진섭 선교사로부터 지금까지 선교사역한 내역과 실정을 듣고 그곳에서 2곡을 찬양하였다.

제6일(11/14) 오전 8시에 출발 1시간 30분을 달려서 프놈펜 수도방위사령부에 도착, 사령관을 접견하고 월요일 오전 시간임에도 불구하고 대강당에서 군인 약 500명이 참석한 가운데 수방사 부사령관과 솔리데오 이사장 정성길 장로의 인사와 사단법인 솔리데오의 장로합창단 사역에 대하여 설명한 후 9곡을 찬양하였는데 1곡이 끝날 때마다 청중들로부터 우레와 같은 박수와 갈채를 받았다. 그리고 민성기 장로가 운영하는 엘드림 국제학교로 이동하였다. 150평의 건물 2층을 개조 하여 많은 인원이 참석할 수 있는 옥상 연주홀을 만들었는데 그곳에서 3곡을 찬양하였다. 청중은 유치원 어린이와 교사들과 가족들이 모였고 점심식사를 함께하였다.

제7일(11/15)오전 8시에 장로교 신학대학 강당에서 뮤지컬 '모세'를 공연하는 자리가 있었는데 열정적인 찬양과 기도를 드리는 모습은 너무나 진지하고 뜨겁게 느낌을 받았다. 모두 신발을 벗고 들어가는 공연장 안이 약 300명으로 꽉 메워져 앉을 자리가 부족하였다. 그곳에서 2곡을 찬양하고, 바로 근처에 있는 헤브론 병원으로 이동하였다. 헤브론 병원은 2007년 9월에 개원하였고 2014년 8월에는 심장센터도 개설하여 연간 5만 명 이상의 환자를 진료한다고 하였는데 진료비는 무료이므로 많은 환자들이 4시간 이상 기다리는 시간에 찬양도 하고 전도활동도 한다고 하였다. 2층 예배실에서 환자들과 간호사들 약 50명 참석한 가운데서 3곡을 찬양하였다. 오후에는 2시간 달려서 옥토선교센터로 이동하였다. 여름성경학교가 한창 진행 중이었는데 유치부부터 청년부까지 모두 약 200명이 한곳에 모인 가운데서 모두 일어서서 찬양과 율동을 열심히 하고 있었다. 그곳에서 남성합창단 7곡(3곡 2회, 앵콜 1곡)을 찬양하였으며 동행한 가족 몇 분과 함께 구성한 혼성중창팀 1곡도 찬조 출연하였는데 모든 순서마다 힘찬 박수와 갈채를 받았으며 하나님께 크게 영광을 올려드렸다. 그리고 백화점을 관람하고 공항으로 이동하여 출국 수속을 마친 후 오후 12시 항공편으로 출발하여 16일 오전 7시에 인천공항에 도착하였다.

  캄보디아는 불교가 국교인데 타종교에 대하여 간섭을 하지 않고 있어 선교하기에 좋은 나라라고 생각되었으며, 산은 보이지 않았고 벼농사를 2모작 또는 3모작을 하며, 도심지역은 개발이 계속 추진되고 있었으나 농촌지역은 낙후되어 아직도 트럭에 사람을 태우고 가는 것을 보았다.

  이번 '솔리데오 베트남·캄보디아 선교찬양'을 통하여 후진성을 면치 못하는 동남아 이웃 나라들에 대하여 교육선교가 얼마나 중요한지를 일깨워주는 귀한 자리가 되었으며 특히 캄보디아는 우리나라 다음으로 아시아국가 중에서 가장 선교를 통한 복음화의 보고라는 강렬한 인상을 받게 되었다.

동유럽(독일·체코·오스트리아·헝가리) 해외연주를 가다

　사단법인 솔리데오(이사장 정성길)는 장로 합창단(단장 이익수, 지휘 석성환) 여성합창단(단장 박옥자, 지휘 홍권옥)을 중심으로 종교개혁 500주년 기념 역사현장 탐방 및 개혁 교회의 재출발을 염원하면서 제6회 솔리데오 해외연주회를 지난 6월 2일부터 13일까지 9박 12일간 동유럽지역(독일, 체코, 오스트리아, 헝가리)에서 개최하였다.

　제1회(2009년)는 중국(심양, 연길, 단동)에서, 제2회(2011년)는 호주, 뉴질랜드에서, 제3회(2013년)는 인도(델리, 첸나이)에서, 제4회(2015년)는 미국(뉴욕, 워싱턴, LA)에서, 제5회(2016년)는 베트남, 캄보디아에서 해외연주회를 개최한 바 있다.

　이번 해외연주회를 위해 5개월간 열심히 준비하여 2017년 6월 2일 영락교회 선교관에서 군선교연합회(고넬료회) 예배시간에 찬양하고 오후 11시 50분 장로합창단 55명, 여성합창단 31명과 가족 11

명(합계 97명)이 인천공항을 출발하여 9시간을 날아서 두바이 공항에 도착하였다. 거기서 3시간 대기후 다시 5시간을 날아서 독일 함부르크 공항에 도착하였다.

독일의 수도는 베를린이고 인구는 8천72만 명, 종교는 신교가 31%, 구교 32%, 이슬람교 4%이다. 함부르크는 독일 16개 연방주에 속하는 도시로 독일의 가장 큰 무역 항구도시이며 인구는 18만 명이다. 기온은 한국과 비슷하였으나 낮과 밤의 기온차가 심하였고 시차는 7시간이 늦다.

첫째 날(3일) 오후 2시에 도착하여 시청 건물과 호수 주변을 관람하고 성미하엘 교회의 웅장한 예술적인 모습을 감상하고 교회 옆 루터의 동상 앞에서 기념 촬영을 하였다. 도로에는 자전거 전용 도로 표시가 되어 있어 주의를 기울여야 했고 자동차는 소형차가 많았고 많이 이용하는 교통수단은 육상 전차(train)와 버스이다. 건물들은 이웃 건물 간의 간격이 없고 1층은 식당이나 창고로 사용하고 2층 이상이 생활하는 주거지이다. 호텔에서도 1층이 0층이고 2층은 1층으로 표시한다.

둘째 날(4일) 조식 후 어시장으로 이동하였는데 주일날은 오전 5시부터 9시까지만 판매를 하도록 국가에서 허락하였는데 큰 트럭을 개조하여 판매하는 진열대를 만들어서 어물들을 판매하는데 사람들이 다니기 힘들 정도로 손님들이 많았다. 그곳에서 3시간 달려서 베를린에 도착하였다. 차창으로 바라보니 산은 없고 광활한 농토(감자와 밀밭)와 우거진 숲은 한국에서는 느낄 수 없는 감동적 모습이었다.

동·서베를린을 갈라놓았던 통곡의 벽을 둘러보며 한반도의 통일을 기도하고 화해교회에서 평화를 기원하는 즉흥 연주를 하고 오후에는 베를린 한인교회(조성호 목사)로 이동하였다. 오늘은 공교롭게도 한인교회연합회 창립기념 주일예배가 오후 4시부터 1부 감사예배와 2부 찬양으로 꾸며져 장로합창단이 3곡, 여성합창단이 2곡 이어서 장로합창단이 다시 2곡을 하였다. 참석 인원은 300명 정도 되었고 한 곡이 끝날 때마다 우레 같은 박수갈채로 화답하였으며, 앵콜곡으로 남녀합창단이 성도들과 함께 「고향의 봄」을 부를 때에는 눈물을 닦는 모습도 보였다.

 셋째 날(5일) 조식 후 국회의사당(연방의회)에 입장하여 건물 뒤쪽에 관광객을 위해 설치된 대형 엘리베이터로 옥상까지 올라가고 베를린 시내를 높은 곳에서 바라볼 수 있도록 원형으로 된 유리 돔 타워를 25도 경사로 걸어서 5층 높이까지 올라갈 수 있게 만든 원형 돔 가장 윗 층에서 관광객이 보는 가운데서 'Dona nobis pacem'(주여 평화 내려 주소서)을 찬양하였다. 관광객들도 따라 부르는 사람도 다수 있었다. 노래가 끝나자 우레 같은 박수갈채로 화답하였다. 거기서 베를린 장벽이 1.3km 남아 있는 곳에 이르니 장벽에는 화가들이 여러 모양의 그림이 그려져 있었고 한쪽은 강이 흐르는 곳이다. 그 장벽 옆에서도 'Dona nobis pacem'을 찬양하였다. 장벽 높이는 4m 정도이나 도시중심지를 바둑판 쪼개듯이 장벽을 설치하여 현재 도로에는 그 흔적을 남기기 위해 4각형 돌로 길바닥에 표시한 곳도 있었다. 그리고 브란덴부르크문(개선문)광장으로 이동하여 그곳에서도 'Dona nobis pacem'을 찬양하였다. 거기서 각각 크기가 다른 직사각형의 유대인 추모비가 있는 곳을 관람하고 카이저 빌헬름 교회로 이동하여 관람하고 그곳에서 장로합창단이 3곡을 찬양하였다. 그리고 도이체오퍼 오페라 극장에서 '차이콥스키 백조의 호수' 발레 공연(170분)을 감상하였다.

넷째 날(6일) 조식 후 비텐베르크로 이동(111km)하였다. 이곳은 루터가 95개 조항의 반박문을 걸고 종교개혁을 외친 곳으로 루터가 은둔하여 성경을 쓰던 곳이다. 그곳 루터 대학에서 종교개혁사 강의를 40분간 듣고 루터하우스 박물관(생가)을 관람하고 루터 동상이 있는 광장에서 장로합창단이 2곡, 남녀합창단이 'Dona nobis pacem'을 찬양하였다. 광장에 모인 여행객들로부터 뜨거운 박수갈채를 받았다. 그 인근에 있는 루터 무덤이 있는 캐슬처치로 이동하여 내부를 관람하고 그 교회 옆에서 관광객들이 보는 가운데서 'Dona nobis pacem'를 찬양하였다. 이어서 라이프치히로 이동하여 독일통일의 기폭제가 되었던 니콜라이 교회에서 파이프오르간 연주를 감상하고 울림이 좋은 그곳에서 우리도 통일을 염원하며 장로합창단이 3곡을 찬양하였다.

잠시 시내 관광을 한 후 '바하'가 음악단장으로 있었던 천 년이 된 토마스교회의 앞마당 바하 동상 앞에서 'Dona nobis pacem'을 남녀합창단이 함께 찬양하였다.

다섯째 날(7일) 조식 후 6시간 달려서 독일의 구시가지가 있는 드레스덴으로 이동(120km)하여 구시가지를 관람하고 츠빙거, 젬퍼오퍼 벽화, 성모교회를 관람한 후 체코 프라하로 이동하였다. 체코는 수도가 프라하이고 인구는 1천만 명이며 체코어를 사용한다. 종교는 가톨릭 39%, 프로테스탄트 4%, 무교 40%이다. 주변이 낮은 산들과 언덕진 곳이 많았다. 대중교통은 육상 train과 버스이며 자전거 전용도로가 있었다. 체코는 유럽의 무역 중심 역할을 하였다고 한다. 카를교 광장에서 'Dona nobis pacem'를 찬양하였고 그다음 날에는 잘츠부르크로 소금을 이동시키는 기지였던 너무나도 아름다운 작은 성으로 조성된 체스키크룸로프(오솔길) 광장에서 2곡을 찬양하였다.

여섯째 날(8일) 조식 후 오스트리아 비엔나로 이동하였다. 오스트리아는 BC 1400-1700년 왕정치 600년간 지속되었다. 근대국가 성립은 1800년대 초에 오스트리아 제국으로 성립되었다.

수도는 빈(비엔나)이고 독일어를 사용하고 인구는 8백70만 명이며 종교는 가톨릭 74%, 개신교 4.6% 이슬람교 4.3%이다. 비엔나는 특히 많은 음악가들(하이든, 모짜르트, 베토벤 등)의 음악 도시이다. 비엔나는 케른트너 거리가 있다. 높고 웅장한 거리나 옛 모습 그대로 잘 유지 되어 있었다. 건물들은 모두 석조 고딕 건물이며 바깥 기둥과 연결 부분에는 돌로 사람이나 짐승을 조각한 예술품을 첨가하여 화려하게 장식하였고 옥상은 둥근 돔 모양으로 뾰족하게 마무리 공사를 하였다. 도로는 옛날 그대로 사용하고 있어 버스가 들어갈 수 없어 목적지까지 하루에 만 보 이상 걸어서 가야 했다.

일곱째 날(9일) 조식 후 오스트리아에서 가장 큰 고딕 건물 성 슈테판 대성당과 비엔나 구시가지를 관광하고 토마스교회와 비엔나 시청과 음악가들의 묘지를 관람하였다. 그리고 쉘부른 궁전, 마리앙투아네트가 살던 마리아 테리지아의 22개 방을 둘러보았다. 그리고 정원을 관람한 후 오스트리아 개혁교회 기념행사장으로 이동하였다. 이날은 오스트리아의 기독교계(구, 신교전체)가 금요일 철야로 모든 교회를 오픈하고 밤새 찬양하는 행사가 있고 거기에 우리가 초대된 것이다. 오후 8시부터 오르간연주와 합창을 번갈아 구성한 연주에 여성합창단이 한복을 입고 2곡을 찬양하고 지역 어린이 합창단이 2곡을 찬양하였다. 그리고 장로합창단이 4곡을 찬양하였다

여덟째 날(10일) 조식 후 6시간을 달려서 헝가리 부다페스트로 이동하였다.(243km) 헝가리 수도는 부다페스트이고 헝가리 언어를 쓴다. 인구는 987만 명이며, 종교는 가톨릭 51.9%, 신교 15.9% 기타 32.2%이다. 896년에 최초 국가로 성립되었다. 도나우강이 부다 지역과 페스트 지역 사이 흐르고 있어 8개의 다리를 통하여 왕래할 수 있다. 오전에는 부다 지역을 관광한 후 오후에는 세체니 온천장에서 온천체험을 하였다. 일반 야외 온천장, 실내 온천장, 사우나실과 야외 수영장이 있었다. 그리고 인근에 있는 공원에 안익태 동상 앞에서 애국가를 합창하였다.

아홉째 날(11일) 오전 11시 부다페스트 장로교회(정채하 목사)에서 예배찬양으로 장로합창단이 2곡을 찬양하고 설교 후 헌금시간에도 1곡을 찬양하였다. 그리고 예배 후 여성합창단이 한복을 입고 2곡을 찬양하였고 남녀합창단이 앵콜곡으로 1곡을 찬양하였다. 오후에는 마차시 성당과 부다 왕궁을 관람하였다.

열째 날(12일) 귀국 준비를 하여 부다페스트 공항으로 이동하여 오후 4시 출발 4시간 날아서 두바이에 도착하여 3시간 대기후 두바이공항 출발 9시간 날아서 13일 오후 6시에 인천공항에 도착하였다.

금번 해외연주를 통하여 종교개혁 500주년 기념역사 현장 탐방과 개혁교회의 재출발을 염원하는 좋은 기회가 되었고 종교개혁자 루터와 음악의 아버지 바하, 유서 깊은 신앙과 찬양의 뿌리와 예술 기행을 통한 영적 울림의 성숙도를 제고할 수 있었다. 특히 동유럽

현지 한인교회와 교회 연합에서의 찬양 및 현지의 다양한 열린광장에서의 즉흥 연주회를 통한 문화교류로 하나님께는 영광을 돌리고 땅에는 평화를 전파하는 뜻깊은 연주회가 되었다고 생각된다.

러시아 및 북유럽 3국 해외연주를 가다

사단법인 솔리데오(이사장 정채혁)는 장로합창단(단장 박행본, 지휘 석성환)을 중심으로 제8회 솔리데오 해외연주회를 2019년 6월 8일부터 19일까지 10박 12일간 러시아 및 북유럽지역(핀란드, 스웨덴, 노르웨이)에서 개최하였다. 그동안 제1회(중국: 심양, 연길, 단동), 제2회(호주, 뉴질랜드), 제3회(인도: 델리, 첸나이), 제4회(미국: 뉴욕, 워싱턴, LA), 제5회(베트남, 캄보디아), 제6회(독일, 체코, 오스트리아, 헝가리), 제7회(러시아 연해주지역) 해외연주회를 개최해 왔다.

이번 연주회를 위해 5개월간 열심히 준비하여 출발일인 6월 8일 장로합창단 45명, 여성합창단 17명, 가족 13명 총 78명이 오후 1시 출발하여 서해 북녘을 지나 9시간 날아서 모스크바 공항에 16시에 도착하여 델타 호텔(28층이고 1층에 90여 개 방)에 짐을 풀었다. 현지 시간 오후 4시로 6시간의 시차가 있었다.

둘째 날(9일) 조식 후 모스크바 장로교회(박철주 목사)에서 10시 30분부터 1부 예배와 2부 솔리데오 연주회를 가졌다. 장로합창단(6곡), 여성합창단(2곡), 소프라노 김미현(1곡), 솔리데오 콰이어차임(1곡) 후, 앵콜은 모두가 출현하여 '주여 평화 내려주소서'를 연주하였다. 한 곡 한 곡이 끝날 때마다 우레와 같은 박수로 화답하였다. 그리고 교회에서 준비한 식사를 맛있게 먹었다.

오후 2시에는 모스크바 신학교(총장: 강신원 목사)에서 찬양 2곡을 연주하고 신학교를 위해 합심기도회를 가졌다. 크렘린 궁전과 성모승천사원 내부를 탐방하고 양파머리 모양의 바실리사원에 둘러싸여 있는 붉은광장과 국영 굼 백화점을 탐방하고 모스크바역으로 가서 상트페테르부르크로 가는 야간열차를 탔다. 야간열차는 침대차로 복도가 있고 여러 개의 방(상하 4개의 침대)이 있고 맨 뒤쪽에는 화장실과 세면대가 있었다.

셋째 날(10일) 조식 후 피터 대제의 별궁인 여름 궁전의 화려한 분수 정원을 탐방하고 세계에서 세 번째로 큰 규모를 자랑하는 성이삭성당(높이 110m, 둥근 기둥(높이 14m)이 48개)을 거쳐 러시아가 스웨덴과 해전시 승리한 기념으로 세운 로스탈등대와 네바강을 따라 230m나 쭉 뻗어있는 황제들의 거쳐였던 겨울 궁전을 탐방하였다. 오후 7시 30분부터는 상트페테르부르크 장로교회(최영모 목사)에서 1시간 동안 연주회를 하였다. (연주회는 모스크바장로교회와 같음)

넷째 날(11일) 조식 후 세계 3대 박물관 중의 하나인 에르미타쥐 국립박물관(1056개방, 117개의 계단, 건물 지붕 위에는 170개가 넘는 조각상)과 예술의 광장, 넵스키대로 등을 탐방하고 버스로 5시간 30분(387km) 달려서 핀란드 헬싱키에 도착하였다. 국경에서 양국의 출입국 수속을 하는데 1시간 30분 이상 소요되었다. 고속도로 양쪽은 키가 큰 적송나무와 자작나무 숲만 있고 산은 보이지 않았다.

다섯째 날(12일) 조식 후 24톤의 강철 파이프를 이용한 파이프오르간 모양의 기념비와 두상이 있는 시벨리우스 공원을 탐방하고 그곳에서 찬양 2곡을 연주하였다. 그리고 벽면이 암석으로 되어 있고 내부에는 기둥이 없이 긴 시멘트 기둥들로 모아서 만들어진 둥근 지붕의 암석 교회(500석)에서 연주회를 1시간 하였다.(연주회는 모스크바장로교회와 같음) 그리고 핀란드인들의 삶의 현장인 마켓 광장을 탐방하고 항구로 이동하여 오후 5시에 SILJA LINE(12층 크루즈관광선: 길이 203m, 폭:31.5m, 정원:2,852명) 선박에 탑승하였다.

여섯째 날(13일) 오전 6시 30분 갑판에 모여 선상 새벽 경건회를 1시간 드렸다.(인도:강철순 장로, 기도:이경철 장로, 전체 찬양 2곡, 설교 천성조 목사, 특송 2곡)

오전 9시 50분 스웨덴의 스톡홀름에 도착하였다. 북유럽 최고의 건축미를 자랑하는 시청사 내부를 탐방하고 스웨덴 왕실의 호화 전함 바사호가 전시된 바사박물관 내부와 구시가지의 중심인 감라스탄을 탐방하였다. 그리고 버스로 4시간 30분(310km) 달려서 칼스타드에 도착하였다. 오늘은 가끔 비가 오다가 햇볕이 나기도 하였다.

일곱째 날(14일) 조식 후 3시간 30분(221km) 달려서 노르웨이 수도 오슬로에 도착하였다. 노르웨이 예술가의 그림과 조각으로 장식된 시청사 내부를 탐방하고 세계적인 조각가 구스타브 비젤란 조각공원과 바이킹 배 박물관을 탐방하고 오슬로 최대의 변화가 카를 요한스 거리를 탐방하였다.

여덟째 날(15일) 조식 후 5시간(315km) 달려서 플롬에 도착하였다. 굉음을 내는 폭포들과 깊은 계곡 가파른 산으로 둘러싸인 플롬은 자연이 만들어내는 예술품으로 관광객이 겨우내 수영과 스키를 즐기는 방문객들이 찾아드는 곳이다. 플롬에서 산악철도를 타고 해발 866.8m 지점에 위치한 뮈르달 역까지 20km 철로 따라 약 55분간 폭포 및 대자연을 바라보면서 특별한 경험을 느낄 수 있었다. 뮈르달역 광장에서 연주를(3곡) 하였다. 그리고 40분(40km) 달려서 레르달에 도착하였다.

아홉째 날(16일) 조식 후 피요르드 페리관광선을 탑승했다. 빙하시대에 빙하의 압력으로 깎인 U자형 협곡으로 1시간 15분 정도 운항하는데 폭포는 북극의 오로라를 연상시킬 정도로 환상적이었다. 피요르드 선상에서도 연주(4곡)를 하였다. 그리고 북유럽의 가장 큰 빙하인 요스테달 빙하 아래의 계곡에 세워진 빙하 박물관을 탐방하고 게이랑에르의 칠자매폭포를 관람하였다. 오후 7시에 호텔 식당에서 주일예배를 1시간 드렸다.(인도: 강철순 장로, 기도: 문영황 장로, 찬양 전체: 2곡, 설교: 천성조목사)

열째 날(17일) 조식 후 동계올림픽이 열렸던 릴레함메르의 스키점프대 옆에 설치된 리프트를 타고 정상까지 올라가서 주변과 점프 연습하는 장면을 관람하였다. 그곳에서 버스로 2시간 30분(168km) 달려서 오슬로 오페라하우스에 도착하였다. 오페라하우스 야외공연장에서 연주(4곡)을 하였는데 많은 관중들로부터 우레와 같은 박수로 화답을 받았다.

열하루째 날(18일) 조식 후 호텔 앞 잔디공원에서 해단식 행사를 하였다. 이번 해외연주회의 경과보고 및 격려와 인사, 총평 후 찬양 2곡을 연주하였다. 그리고 오슬로 공항에서 오후 1시 출발하여 2시간 35분 날아서 모스크 공항에 도착하였다. 오후 8시 55분 출발하여 19일 오전 11시에 인천 공항에 도착하였다.

금번 해외연주회 기간 보고 느낀 것은 북유럽 3개국은 공기가 깨끗한 청정지역이며, 특히 노르웨이는 만년설로 물이 풍부하고 여러 가지 형태의 폭포수로 관광사업의 호조를 이루고 수력발전의 전기공급, 수도요금 무료, 목초 수출은 세계의 55%, 삼림 목재 풍부 등 자연 혜택을 많이 받는 나라라고 생각되었다. 이번 해외 연주행사가 계획한 대로 순적하게 진행되고 아무사고 없이 무사히 귀국할 수 있도록 좋은 일기와 모든 일에 도와주신 하나님께 감사를 드린다. 그리고 이번 행사를 위해 물심양면으로 도움을 주신 분과 모든 일을 준비하느라고 수고하신 준비위원들에게도 감사를 드린다.

나라 사랑 찬양선교(포항·울릉도·독도)

(사)솔리데오와 CTS 포항지사가 주최하는 포항, 울릉도, 독도에서의 나라 사랑 찬양선교를 위해(2019년 5월 15일-5월 18일) 총원 155명(장로합창단: 89명, 여성합창단: 35명, 아가페앙상블: 15명, 가족: 12명, 기타: 4명)이 버스 4대로 2019년 5월 15일 오전 8시 30분 영락교회를 출발하여 3시간 30분을 달려서 포항 구룡포 호미곶 강사교회에 도착하여 맛있는 회비빔밥으로 점심식사를 하였다.

해변을 관광하고 호미곶 해맞이광장에서 찬양 2곡을 CTS 방송녹화를 하고 포항 장성교회에서 포항 시민을 위한 음악예배를 오후 7시 30분부터 1시간 30분간 하나님께 올렸다. 포항장성교회 박석진 담임목사의 기도로 시작하여 장로합창단(4곡), 여성합창단(3곡), 남성찬양단(2곡), 콰이어차임(2곡), 아가페 앙상블(1곡), 소프라노 황인자(1곡)가 찬양을 하였는데 한 곡 한 곡 끝날 때마다 우레와 같은 박수갈채를 받았다. 그리고 앵콜곡으로 장로합창단과 여성합창단이 함께 「주여 평화주소서」를 불렀다. 그리고 숙소(릴리 게스트하우스)에서 여정을 풀었다.

5월 16일 오전 8시에 영일대 해수욕장 특설무대에서 초청 가수의 찬양을 감상한 후 도보로 포항여객터미널로 이동하여 울릉도행(썬플라워호)에 승선하여 오전 9시 50분에 출발한 후 3시간 10분 달려서 울릉도 도동항에 오후 1시에 도착하여 따개비 국수로 주린 배를 채웠다. 그리고 울릉도 산 중턱에 위치한 숙소(라페루즈 리조트)에서 연주복을 갈아입고 울릉 한마음회관에서 오후 7시 30분부터 울릉 군민을 위한 음악회를 1시간 30분간 개최하였다. 장로합창단(6곡), 남성찬양단(2곡), 콰이어 차임(2곡), 아가페 앙상블(1곡), 소프라노 황인자(1곡)가 공연하였는데 연주가 끝날 때마다 우레와 같은 박수갈채를 받았다. 그리고 앵콜곡으로 장로합창단과 여성합창단이 함께 온 세상과 이 땅의 평화를 위해 「주여 평화주소서」를 불렀다.

5월 17일 장로합창단과 여성합창단은 상의는 흰색티셔츠, 하의는 검은색 바지를 갈아입고 오전 8시부터 12시까지 울릉도 순환도로를 이용한 울릉도의 천혜의 비경을 체험하는 관광코스를 따라 4시간(도동-사동-남양-태하-천부-나리분지-도동)동안 관광을 하였다. 잠시 휴식을 취한 후 오후 3시 40분 독도행에 승선하여 오후 5시 10분 독도에 접안, 광장에서 경비대 및 관광객을 대상으로 장로합창단이 「나의 사랑 독도야」(임긍수 작곡, 작사)를 부른 후 여성합창단과 함께 「참 아름다워라」로 하나님을 찬양하였다. 그리고 다시 승선하여 울릉도 도착하여 저녁식사를 하고 같은 숙소에서 피로를 풀었다.

5월 18일 오전에는 도동 둘레길 산책과 유람선 관광 등 선택 관광을 하고 오후 2시에 포항행에 승선하였는데 울릉도로 갈 때에는 파도가 잔잔하였다. 포항으로 돌아오는 길에는 비도 오고 파도가 약간 심하였지만, 다행히 아무 사고 없이 오후 6시에 포항에 도착하여 오후 6시 10분에 버스로 출발하여 서울에 오후 10시 20분에 모두들 도착하여 해산하였다.

  금번 나라 사랑 찬양선교 행사가 진행되는 동안 CTS 포항 지사장 이하 모든 직원들이 안내와 진행에 큰 도움을 준 것에 대하여 감사를 드린다. 특히 이번 행사 후 며칠 동안 파도가 심하여 선박이 출항하지 못했다는 뉴스를 접했는데 이번 찬양선교 행사가 계획한 대로 순적하게 진행되고 아무사고 없이 무사히 귀가할 수 있도록 좋은 일기를 주신 하나님께 감사를 드린다. 그리고 이번 행사를 위해 물심양면으로 도움을 주신 분과 모든 일을 준비하느라고 수고하신 준비위원들에게도 감사를 드린다.

5

부록

1. 치유기도에 도움 되는 암송 말씀
2. 믿음생활에 도움 되는 말씀
3. 말씀을 분야별로 분류
4. 시편 19편
5. 기독교 용어 바르게 사용하기
6. 심방 때 참고 말씀과 찬송
7. 하나님의 도움이 필요할 때

1. 치유기도에 도움 되는 암송 말씀

1. 너는 내게 부르짖으라 내가 네게 응답하겠고 네가 알지 못하는 크고 은밀한 일을 네게 보이리라(렘 33:3)
2. 믿는 자들에게는 이런 표적이 따르리니 곧 그들이 내 이름으로 귀신을 쫓아내며 새 방언을 말하며 뱀을 집어 올리며 무슨 독을 마실지라도 해를 받지 아니하며 병든 사람에게 손을 얹은즉 나으리라 하시더라(막 16:17~18).
3. 그가 찔림은 우리의 허물 때문이요 그가 상함은 우리의 죄악 때문이라 그가 징계를 받으므로 우리는 평화를 누리고 그가 채찍에 맞으므로 우리는 나음을 받았도다(사 53:5)
4. 환난 날에 나를 부르라 내가 너를 건지리니 네가 나를 영화롭게 하리로다 (시 50:15)
5. 여호와께서 너를 지켜 모든 환난을 면하게 하시며 또 네 영혼을 지키시리로다. 여호와께서 너의 출입을 지금부터 영원까지 지키시리로다(시 121:7~8)

6. 아무것도 염려하지 말고 다만 모든 일에 기도와 간구로 너희 구할 것을 감사함으로 하나님께 아뢰라 그리하면 모든 지각에 뛰어난 하나님의 평강이 그리스도 예수 안에서 너희 마음과 생각을 지키시리라(빌 4:6~7)
7. 우리가 사방으로 욱여쌈을 당하여도 싸이지 아니하며 답답한 일을 당하여도 낙심하지 아니하며 박해를 받아도 버린 바 되지 아니하며 거꾸러뜨림을 당하여도 망하지 아니하고(고후 4:8~9)
8. 죄를 짓는 자는 마귀에게 속하나니 마귀는 처음부터 범죄함이니라 하나님의 아들이 나타나신 것은 마귀의 일을 멸하려 하심이라(요일 3:8)
9. 우리가 알거니와 하나님을 사랑하는 자 곧 그의 뜻대로 부르심을 입은 자들에게는 모든 것이 합력하여 선을 이루느니라(롬 8:28)
10. 이러므로 하나님이 그를 지극히 높여 모든 이름 위에 뛰어난 이름을 주사 하늘에 있는 자들과 땅에 있는 자들과 땅 아래에 있는 자들로 모든 무릎을 예수의 이름에 꿇게 하시고 모든 입으로 예수 그리스도를 주라 시인하여 하나님 아버지께 영광을 돌리게 하셨느니라(빌 2:9~11)
11. 사람이 감당할 시험 밖에는 너희가 당한 것이 없나니 오직 하나님은 미쁘사 너희가 감당하지 못할 시험 당함을 허락하지 아니하시고 시험 당할 즈음에 또한 피할 길을 내사 너희로 능히 감당하게 하시느니라(고전 10:13)
12. 나의 힘이신 여호와여 내가 주를 사랑하나이다. 여호와는 나의 반석이시요 나의 요새시요 나를 건지시는 이시요 나의 하나님이시요 내가 그 안에 피할 나의 바위시요 나의 방패시요 나의 구원의 뿔이시요 나의 산성이시로다(시 18:1~2)
13. 두려워하지 말라 내가 너와 함께 함이라 놀라지 말라 나는 네 하나님이 됨이라 내가 너를 굳세게 하리라 참으로 너를 도와주리라 참으로 나의 의로운 오른손으로 너를 붙들리라(사 41:10)
14. 이것을 너희에게 이르는 것은 너희로 내 안에서 평안을 누리게 하려 함이라

세상에서는 너희가 환난을 당하나 담대하라 내가 세상을 이기었노라(요 16:33)

15. 믿음이 없이는 하나님을 기쁘시게 하지 못하나니 하나님께 나아가는 자는 반드시 그가 계신 것과 또한 그가 자기를 찾는 자들에게 상 주시는 이심을 믿어야 할지니라(히 11:6)

16. 너는 마음을 다하여 여호와를 신뢰하고 네 명철을 의지하지 말라 너는 범사에 그를 인정하라 그리하면 네 길을 지도하시리라(잠 3:5~6)

17. 그러나 내가 가는 길을 그가 아시나니 그가 나를 단련하신 후에는 내가 순금같이 되어 나오리라(욥 23:10)

18. 내게 능력 주시는 자 안에서 내가 모든 것을 할 수 있느니라(빌 4:13)

19. 너희가 내 이름으로 무엇을 구하든지 내가 행하리니 이는 아버지로 하여금 아들로 말미암아 영광을 받으시게 하려 함이라 내 이름으로 무엇이든지 내게 구하면 내가 행하리라(요 14:13~14)

20. 내가 너희에게 뱀과 전갈을 밟으며 원수의 모든 능력을 제어할 권능을 주었으니 너희를 해칠 자가 결코 없으리라(눅 10:19)

21. 다만 이뿐 아니라 우리가 환난 중에도 즐거워하나니 이는 환난은 인내를, 인내는 연단을, 연단은 소망을 이루는 줄 앎이로다(롬 5:3~4)

22. 예수께서 나아와 말씀하여 이르시되 하늘과 땅의 모든 권세를 내게 주셨으니 그러므로 너희는 가서 모든 민족을 제자로 삼아 아버지와 아들과 성령의 이름으로 세례를 베풀고 내가 너희에게 분부한 모든 것을 가르쳐 지키게 하라 볼지어다 내가 세상 끝날까지 너희와 항상 함께 있으리라 하시니라(마 28:18~20)

23. 너희 염려를 다 주께 맡기라 이는 그가 너희를 돌보심이라(벧전 5:7)

24. 그런즉 너희는 하나님께 복종할지어다. 마귀를 대적하라 그리하면 너희를 피하리라(약 4:7)

25. 상심한 자들을 고치시며 그들의 상처를 싸매시는도다(시 147:3)

26. 자녀들아 너희는 하나님께 속하였고 또 그들을 이기었나니 이는 너희 안

에 계신 이가 세상에 있는 자보다 크심이라(요일 4:4)

27. 평강의 하나님께서 속히 사탄을 너희 발 아래에서 상하게 하시리라 우리 주 예수의 은혜가 너희에게 있을지어다(롬 16:20)

28. 고난 당한 것이 내게 유익이라 이로 말미암아 내가 주의 율례들을 배우게 되었나이다(시 119:71)

29. 나는 너희를 치료하는 여호와임이라(출 15:26)

30. 만일 하나님이 우리를 위하시면 누가 우리를 대적하리요(롬 8:31)

31. 내 이름을 경외하는 너희에게는 공의로운 해가 떠올라서 치료하는 광선을 비추리니 너희가 나가서 외양간에서 나온 송아지같이 뛰리라(말 4:2)

32. 그가 시험을 받아 고난을 당하셨은즉 시험받는 자들을 능히 도우실 수 있느니라(히 2:18)

33. 그러므로 너희 죄를 서로 고백하며 병이 낫기를 위하여 서로 기도하라 의인의 간구는 역사하는 힘이 큼이니라(약 5:16)

34. 너희는 택하신 족속이요 왕 같은 제사장들이요 거룩한 나라요 그의 소유가 된 백성이니(벧전 2:9)

35. 나를 믿는 자는 내가 하는 일을 그도 할 것이요 또한 그보다 큰일도 하리니(요 14:12)

36. 내 영혼아 여호와를 송축하라… 그가 네 모든 죄악을 사하시며 네 모든 병을 고치시며 네 생명을 파멸에서 속량하시고 인자와 긍휼로 관을 씌우시며 좋은 것으로 네 소원을 만족하게 하사 네 청춘을 독수리같이 새롭게 하시는도다(시 103:1~5)

37. 너희가 내 안에 거하고 내 말이 너희 안에 거하면 무엇이든지 원하는 대로 구하라 그리하면 이루리라 (요 15:7)

38. 이 율법책을 네 입에서 떠나지 말게 하며 주야로 그것을 묵상하여 그 안에 기록된 대로 다 지켜 행하라 그리하면 네 길이 평탄하게 될 것이며

네가 형통하리라(수 1:8)

39. 그가 우리를 흑암의 권세에서 건져내사 그의 사랑의 아들의 나라로 옮기셨으니 그 아들 안에서 우리가 속량 곧 죄 사함을 얻었도다.(골 1:13~14)

40. 여호와의 천사가 주를 경외하는 자를 둘러 진치고 그들을 건지시는도다.(시 34:7)

2. 믿음생활에 도움 되는 말씀
- 개역 개정

1. 너는 내게 부르짖으라 내가 네게 응답하겠고 네가 알지 못하는 크고 은밀한 일을 네게 보이리라.(렘 33:3)
2. 믿는 자들에게는 이런 표적이 따르리니 곧 그들이 내 이름으로 귀신을 쫓아내며 새 방언을 말하며 뱀을 집어 올리며 무슨 독을 마실지라도 해를 받지 아니하며 병든 사람에게 손을 얹은즉 나으리라 하시더라.(막 16:17~18)
3. 그가 찔림은 우리의 허물 때문이요 그가 상함은 우리의 죄악 때문이라 그가 징계를 받으므로 우리는 평화를 누리고 그가 채찍에 맞으므로 우리는 나음을 받았도다.(사 53:5)
4. 환난 날에 나를 부르라 내가 너를 건지리니 네가 나를 영화롭게 하리로다.(시 50:15)
5. 여호와께서 너를 지켜 모든 환난을 면하게 하시며 또 네 영혼을 지키시리로다. 여호와께서 너의 출입을 지금부터 영원까지 지키시리로다.(시 121:7~8)
6. 아무것도 염려하지 말고 다만 모든 일에 기도와 간구로 너희 구할

것을 감사함으로 하나님께 아뢰라 그리하면 모든 지각에 뛰어난 하나님의 평강이 그리스도 예수 안에서 너희 마음과 생각을 지키시리라.(빌 4:6~7)

7. 우리가 사방으로 욱여쌈을 당하여도 싸이지 아니하며 답답한 일을 당하여도 낙심하지 아니하며 박해를 받아도 버린 바 되지 아니하며 거꾸러뜨림을 당하여도 망하지 아니하고.(고후 4:8~9)

8. 죄를 짓는 자는 마귀에게 속하나니 마귀는 처음부터 범죄함이라 하나님의 아들이 나타나신 것은 마귀의 일을 멸하려 하심이라.(요일 3:8)

9. 우리가 알거니와 하나님을 사랑하는 자 곧 그의 뜻대로 부르심을 입은 자들에게는 모든 것이 합력하여 선을 이루느니라.(롬 8:28)

10. 이러므로 하나님이 그를 지극히 높여 모든 이름 위에 뛰어난 이름을 주사 하늘에 있는 자들과 땅에 있는 자들과 땅 아래에 있는 자들로 모든 무릎을 예수의 이름에 꿇게 하시고 모든 입으로 예수 그리스도를 주라 시인하여 하나님 아버지께 영광을 돌리게 하셨느니라.(빌 2:9~11)

11. 사람이 감당할 시험 밖에는 너희가 당한 것이 없나니 오직 하나님은 미쁘사 너희가 감당하지 못할 시험 당함을 허락하지 아니하시고 시험 당할 즈음에 또한 피할 길을 내사 너희로 능히 감당하게 하시느니라.(고전 10:13)

12. 나의 힘이신 여호와여 내가 주를 사랑하나이다. 여호와는 나의 반석이시요 나의 요새시요 나를 건지시는 이시오, 나의 하나님이시요 내가 그 안에 피할 나의 바위시요 나의 방패시오, 나의 구원의 뿔이시오, 나의 산성이시로다.(시 18:1~2)

13. 두려워하지 말라 내가 너와 함께 함이라 놀라지 말라 나는 네 하나님이 됨이라 내가 너를 굳세게 하리라 참으로 너를 도와주리라 참으로 나의 의로운 오른손으로 너를 붙들리라(사 41:10)

14. 이것을 너희에게 이르는 것은 너희로 내 안에서 평안을 누리게 하

려 함이라 세상에서는 너희가 환난을 당하나 담대하라. 내가 세상을 이기었노라.(요 16:33)

15. 믿음이 없이는 하나님을 기쁘시게 하지 못하나니 하나님께 나아가는 자는 반드시 그가 계신 것과 또한 그가 자기를 찾는 자들에게 상 주시는 이심을 믿어야 할지니라.(히 11:6)

16. 너는 마음을 다하여 여호와를 신뢰하고 네 명철을 의지하지 말라 너는 범사에 그를 인정하라 그리하면 네 길을 지도하시리라.(잠 3:5~6)

17. 그러나 내가 가는 길을 그가 아시나니 그가 나를 단련하신 후에는 내가 순금같이 되어 나오리라.(욥 23:10)

18. 우리가 선을 행하되 낙심하지 말지니 포기하지 아니하면 때가 이르매 거두리라.(갈 6:9)

19. 내게 능력 주시는 자 안에서 내가 모든 것을 할 수 있느니라.(빌 4:13)

20. 너희가 내 이름으로 무엇을 구하든지 내가 행하리니 이는 아버지로 하여금 아들로 말미암아 영광을 받으시게 하려 함이라 내 이름으로 무엇이든지 내게 구하면 내가 행하리라(요 14:13~14)

21. 너희가 나를 택한 것이 아니요 내가 너희를 택하여 세웠나니 이는 너희로 가서 열매를 맺게 하고 또 너희 열매가 항상 있게 하여 내 이름으로 아버지께 무엇을 구하든지 다 받게 하려 함이라.(요 15:16)

22. 여호와의 말씀이니라 너희를 향한 나의 생각을 내가 아나니 평안이요 재앙이 아니니라. 너희에게 미래와 희망을 주는 것이니라. 너희가 내게 부르짖으며 내게 와서 기도하면 내가 너희들의 기도를 들을 것이요 너희가 온 마음으로 나를 구하면 나를 찾을 것이요 나를 만나리라.(렘 29:11~13)

23. 너희는 먼저 그의 나라와 그의 의를 구하라 그리하면 이 모든 것을 너희에게 더하시리라.(마 6:33)

24. 그러므로 내가 너희에게 말하노니 무엇이든지 기도하고 구하는 것은 받은 줄로 믿으라. 그리하면 너희에게 그대로 되리라.(막 11:24)

25. 나를 사랑하는 자들이 나의 사랑을 입으며 나를 간절히 찾는 자가 나를 만날 것이니라.(잠 8:17)

26. 진실로 다시 너희에게 이르노니 너희 중의 두 사람이 땅에서 합심하여 무엇이든지 구하면 하늘에 계신 내 아버지께서 그들을 위하여 이루게 하시리라. 두세 사람이 내 이름으로 모인 곳에는 나도 그들 중에 있느니라.(마 18:19~20)

27. 내가 너희에게 뱀과 전갈을 밟으며 원수의 모든 능력을 제어할 권능을 주었으니 너희를 해칠 자가 결코 없으리라.(눅 10:19)

28. 너희 믿음의 확실함은 불로 연단하여도 없어질 금보다 더 귀하여 예수 그리스도께서 나타나실 때에 칭찬과 영광과 존귀를 얻게 할 것이니라.(벧전 1:7)

29. 다만 이뿐 아니라 우리가 환난 중에도 즐거워하나니 이는 환난은 인내를, 인내는 연단을, 연단은 소망을 이루는 줄 앎이로다(롬 5:3~4)

30. 너희 중에 누구든지 지혜가 부족하거든 모든 사람에게 후히 주시고 꾸짖지 아니하시는 하나님께 구하라 그리하면 주시리라(약 1:5)

31. 이 백성은 내가 나를 위하여 지었나니 나를 찬송하게 하려 함이니라.(사 43:21)

32. 너희는 믿음 안에 있는가 너희 자신을 시험하고 너희 자신을 확증하라 예수 그리스도께서 너희 안에 계신 줄을 너희가 스스로 알지 못하느냐 그렇지 않으면 너희는 버림받은 자니라.(고후 13:5)

33. 예수께서 나아와 말씀하여 이르시되 하늘과 땅의 모든 권세를 내게 주셨으니 그러므로 너희는 가서 모든 민족을 제자로 삼아 아버지와 아들과 성령의 이름으로 세례를 베풀고 내가 너희에게 분부한 모든 것을 가르쳐 지키게 하라 볼지어다. 내가 세상 끝날 때까지 너희와 항상 함께 있으리라 하시니라.(마 28:18~20)

34. 너희 염려를 다 주께 맡기라 이는 그가 너희를 돌보심이라.(벧전 5:7)
35. 그런즉 너희는 하나님께 복종할지어다. 마귀를 대적하라 그리하면 너희를 피하리라.(약 4:7)
36. 누구든지 자기를 높이는 자는 낮아지고 누구든지 자기를 낮추는 자는 높아지리라.(마 23:12)
37. 주께서 심지가 견고한 자를 평강하고 평강하도록 지키시리니 이는 그가 주를 신뢰함이니이다. 너희는 여호와를 영원히 신뢰하라 주 여호와는 영원한 반석이심이로다.(사 26:3~4)
38. 구하라 그리하면 너희에게 주실 것이요 찾으라. 그리하면 찾아낼 것이요, 문을 두드리라. 그리하면 너희에게 열릴 것이니 구하는 이마다 받을 것이요, 찾는 이는 찾아낼 것이요, 두드리는 이에게는 열릴 것이니라.(마 7:7~8)
39. 도둑이 오는 것은 도둑질하고 죽이고 멸망시키려는 것뿐이요, 내가 온 것은 양으로 생명을 얻게 하고 더 풍성히 얻게 하려는 것이라.(요 10:10)
40. 여호와께서 집을 세우지 아니하시면 세우는 자의 수고가 헛되며 여호와께서 성을 지키지 아니하시면 파수꾼의 깨어 있음이 헛되도다.(시 127:1)
41. 너희가 사람의 잘못을 용서하지 아니하면 너희 아버지께서도 너희 잘못을 용서하지 아니하시리라.(마 6:15)
42. 모든 성경은 하나님의 감동으로 된 것으로 교훈과 책망과 바르게 함과 의로 교육하기에 유익하니 이는 하나님의 사람으로 온전하게 하며 모든 선한 일을 행할 능력을 갖추게 하려 함이라.(딤후 3:16~17)
43. 하나님의 말씀은 살아 있고 활력이 있어 좌우에 날선 어떤 검보다도 예리하여 혼과 영과 및 관절과 골수를 찔러 쪼개기까지 하며 또 마음의 생각과 뜻을 판단하나니.(히 4:12)
44. 자녀들아 너희는 하나님께 속하였고 또 그들을 이기었나니 이는 너

희 안에 계신 이가 세상에 있는 자보다 크심이라.(요일 4:4)

45. 평강의 하나님께서 속히 사탄을 너희 발아래에서 상하게 하시리라 우리 주 예수의 은혜가 너희에게 있을지어다.(롬 16:20)

46. 하나님의 나라는 먹는 것과 마시는 것이 아니요 오직 성령 안에 있는 의와 평강과 희락이라.(롬 14:17)

47. 모든 사람과 더불어 화평함과 거룩함을 따르라 이것이 없이는 아무도 주를 보지 못하리라.(히 12:14)

48. 마음의 즐거움은 양약이라도 심령의 근심은 뼈를 마르게 하느니라.(잠 17:22)

49. 고난당한 것이 내게 유익이라 이로 말미암아 내가 주의 율례들을 배우게 되었나이다.(시 119:71)

50. 빛의 열매는 모든 착함과 의로움과 진실함에 있느니라(엡 5:9)

51. 애굽 사람에게 내린 모든 질병 중 하나도 너희에게 내리지 아니하리니 나는 너희를 치료하는 여호와임이라.(출 15:26)

52. 내가 네게 명령한 것이 아니냐 강하고 담대하라. 두려워하지 말며 놀라지 말라. 네가 어디로 가든지 네 하나님 여호와가 너와 함께 하느니라 하시니라.(수 1:9)

53. 예수께서 이르시되 할 수 있거든 이 무슨 말이냐 믿는 자에게는 능히 하지 못할 일이 없느니라 하시니.(막 9:23)

54. 예수께서 이르시되 내가 곧 길이요 진리요 생명이니 나로 말미암지 않고는 아버지께로 올 자가 없느니라.(요 14:6)

55. 하나님이 교만한 자를 물리치시고 겸손한 자에게 은혜를 주신다 하였느니라(약 4:6)

56. 우리가 살아도 주를 위하여 살고 죽어도 주를 위하여 죽나니 그러므로 사나 죽으나 우리가 주의 것이로다.(롬 14:8)

57. 그런즉 너희가 먹든지 마시든지 무엇을 하든지 다 하나님의 영광을

위하여 하라.(고전 10:31)

58. 믿음이 그의 행함과 함께 일하고 행함으로 믿음이 온전하게 되었느니라.(약 2:22)

59. 만일 하나님이 우리를 위하시면 누가 우리를 대적하리요(롬 8:31)

60. 내 이름을 경외하는 너희에게는 공의로운 해가 떠올라서 치료하는 광선을 비추리니 너희가 나가서 외양간에서 나온 송아지같이 뛰리라.(말 4:2)

61. 내가 여호와를 기다리고 기다렸더니 귀를 기울이사 나의 부르짖음을 들으셨도다. 나를 기가 막힐 웅덩이와 수렁에서 끌어 올리시고 내 발을 반석 위에 두사 내 걸음을 견고하게 하셨도다.(시 40:1~2)

62. 이 곤고한 자가 부르짖으매 여호와께서 들으시고 그의 모든 환난에서 구원하셨도다.(시 34:6)

63. 진실로 너희에게 이르노니 무엇이든지 너희가 땅에서 매면 하늘에서도 매일 것이요 무엇이든지 땅에서 풀면 하늘에서도 풀리리라(마 18:18)

64. 오직 나는 여호와를 우러러보며 나를 구원하시는 하나님을 바라보나니 나의 하나님이 나에게 귀를 기울이시리로다.(미 7:7)

65. 사람이 마음으로 믿어 의에 이르고 입으로 시인하여 구원에 이르느니라.(롬 10:10)

66. 십자가의 도가 멸망하는 자들에게는 미련한 것이요 구원을 받는 우리에게는 하나님의 능력이라.(고전 1:18)

67. 부지런하여 게으르지 말고 열심을 품고 주를 섬기라 소망 중에 즐거워하며 환난 중에 참으며 기도에 항상 힘쓰며 성도들의 쓸 것을 공급하며 손 대접하기를 힘쓰라.(롬 12:11~13)

68. 그가 시험을 받아 고난을 당하셨음은 즉 시험받는 자들을 능히 도우실 수 있느니라.(히 2:18)

69. 너는 말씀을 전파하라 때를 얻든지 못 얻든지 항상 힘쓰라 범사에 오래 참음과 가르침으로 경책하며 경계하며 권하라.(딤후 4:2)

70. 내 이름으로 일컫는 내 백성이 그들의 악한 길에서 떠나 스스로 낮추고 기도하여 내 얼굴을 찾으면 내가 하늘에서 듣고 그들의 죄를 사하고 그들의 땅을 고칠지라.(대하 7:14)

71. 오직 성령의 열매는 사랑과 희락과 화평과 오래 참음과 자비와 양선과 충성과 온유와 절제니 이 같은 것을 금지할 법이 없느니라.(갈 5:22~23)

72. 그리스도 예수의 사람들은 육체와 함께 그 정욕과 탐심을 십자가에 못 박았느니라.(갈 5:24)

73. 나더러 주여! 주여! 하는 자마다 다 천국에 들어갈 것이 아니요, 다만 하늘에 계신 내 아버지의 뜻대로 행하는 자라야 들어가리라.(마 7:21)

74. 너희가 각각 마음으로부터 형제를 용서하지 아니하면 나의 하늘 아버지께서도 너희에게 이와 같이 하시리라.(마 18:35)

75. 그러므로 너희 죄를 서로 고백하며 병이 낫기를 위하여 서로 기도하라 의인의 간구는 역사하는 힘이 큼이니라.(약 5:16)

76. 만일 우리가 우리 죄를 자백하면 그는 미쁘시고 의로우사 우리 죄를 사하시며 우리를 모든 불의에서 깨끗하게 하실 것이요.(요일서 1:9)

77. 다른 이로써는 구원을 받을 수 없나니 천하 사람 중에 구원을 받을 만한 다른 이름을 우리에게 주신 일이 없음이라 하였더라.(행 4:12)

78. 너희는 유혹의 욕심을 따라 썩어져 가는 구습을 따르는 옛사람을 벗어버리고 오직 너희의 심령이 새롭게 되어 하나님을 따라 의와 진리의 거룩함으로 지으심을 받은 새 사람을 입으라.(엡 4:22~24)

79. 여호와는 마음이 상한 자를 가까이 하시고 충심으로 통회하는 자를 구원하시는도다. 의인은 고난이 많으나 여호와께서 그의 모든 고난에서 건지시는도다.(시 34:18~19)

80. 이르되 내가 모태에서 알몸으로 나왔사온즉 또한 알몸이 그리로 돌아가올지라 주신 이도 여호와시요 거두신 이도 여호와시오니 여호와의 이름이 찬송을 받으실지니이다.(욥 1:21)

81. 이같이 너희 빛이 사람 앞에 비치게 하여 그들로 너희 착한 행실을 보고 하늘에 계신 너희 아버지께 영광을 돌리게 하라(마 5:16)

82. 나는 너희에게 이르노니 너희 원수를 사랑하며 너희를 박해하는 자를 위하여 기도하라 이같이 한즉 하늘에 계신 너희 아버지의 아들이 되리니.(마 5:44~45)

83. 예수께서 대답하여 이르시되 진실로 진실로 네게 이르노니 사람이 거듭나지 아니하면 하나님의 나라를 볼 수 없느니라(요 3:3)

84. 너희가 내 안에 거하고 내 말이 너희 안에 거하면 무엇이든지 원하는 대로 구하라 그리하면 이루리라.(요 15:7)

85. 내가 기뻐하는 금식은 흉악의 결박을 풀어 주며 멍에의 줄을 끌러 주며 압제 당하는 자를 자유하게 하며 모든 멍에를 꺾는 것이 아니겠느냐.(사 58:6)

86. 오직 성령이 너희에게 임하시면 너희가 권능을 받고 예루살렘과 온 유대와 사마리아와 땅끝까지 이르러 내 증인이 되리라 하시니라.(행 1:8)

87. 예수께서 이르시되 네 마음을 다하고 목숨을 다하고 뜻을 다하여 주 너의 하나님을 사랑하라 하셨으니 이것이 크고 첫째 되는 계명이요 둘째도 그와 같으니 네 이웃을 네 자신 같이 사랑하라 하셨으니 이 두 계명이 온 율법과 선지자의 강령이니라.(마 22:37~40)

88. 그러므로 내 사랑하는 형제들아 견실하며 흔들리지 말고 항상 주의 일에 더욱 힘쓰는 자들이 되라 이는 너희 수고가 주 안에서 헛되지 않은 줄 앎이라.(고전 15:58)

89. 교만은 패망의 선봉이요, 거만한 마음은 넘어짐의 앞잡이니라.(잠 16:18)

90. 내가 그리스도와 함께 십자가에 못 박혔나니 그런즉 이제는 내가 사는 것이 아니요, 오직 내 안에 그리스도께서 사시는 것이라 이제 내가 육체 가운데 사는 것은 나를 사랑하사 나를 위하여 자기 자신을 버리신 하나님의 아들을 믿는 믿음 안에서 사는 것이라(갈 2:20)

91. 항상 기뻐하라 쉬지 말고 기도하라 범사에 감사하라 이것이 그리스도 예수 안에서 너희를 향하신 하나님의 뜻이니라.(살전 5:16~18)

92. 자녀들아 주 안에서 너희 부모에게 순종하라 이것이 옳으니라 네 아버지와 어머니를 공경하라 이것은 약속이 있는 첫 계명이니 이로써 네가 잘되고 땅에서 장수하리라.(엡 6:1~3)

93. 그런즉 서서 진리로 너희 허리띠를 띠고 의의 호심경을 붙이고 평안의 복음이 준비한 것으로 신을 신고 모든 것 위에 믿음의 방패를 가지고 이로써 능히 악한 자의 모든 불화살을 소멸하고 구원의 투구와 성령의 검 곧 하나님의 말씀을 가지라.(엡 6:14~17)

94. 내 사랑하는 형제들아 너희가 알지니 사람마다 듣기는 속히 하고 말하기는 더디 하며 성내기도 더디 하라.(약 1:19)

95. 이와 같이 행함이 없는 믿음은 그 자체가 죽은 것이라(약 2:17)

96. 마땅히 행할 길을 아이에게 가르치라 그리하면 늙어도 그것을 떠나지 아니하리라.(잠 22:6)

97. 어떤 사람에게는 성령으로 말미암아 지혜의 말씀을, 어떤 사람에게는 같은 성령을 따라 지식의 말씀을, 다른 사람에게는 같은 성령으로 믿음을, 어떤 사람에게는 한 성령으로 병 고치는 은사를, 어떤 사람에게는 능력 행함을, 어떤 사람에게는 예언함을, 어떤 사람에게는 영들 분별함을, 다른 사람에게는 각종 방언 말함을, 어떤 사람에게는 방언들 통역함을 주시나니.(고전 12:8~10)

98. 그런즉 누구든지 그리스도 안에 있으면 새로운 피조물이라 이전 것

은 지나갔으니 보라 새것이 되었도다.(고후 5:17)

99. 마음의 경영은 사람에게 있어도 말의 응답은 여호와께로부터 나오느니라. 사람의 행위가 자기 보기에는 모두 깨끗하여도 여호와는 심령을 감찰하시느니라. 너의 행사를 여호와께 맡기라 그리하면 네가 경영하는 것이 이루어지리라.(잠 16:1~3)

100. 사랑은 오래 참고 사랑은 온유하며 시기하지 아니하며 사랑은 자랑하지 아니하며 교만하지 아니하며 무례히 행하지 아니하며 자기의 유익을 구하지 아니하며 성내지 아니하며 악한 것을 생각하지 아니하며 불의를 기뻐하지 아니하며 진리와 함께 기뻐하고 모든 것을 참으며 모든 것을 믿으며 모든 것을 바라며 모든 것을 견디느니라.(고전 13:4~7)

101. 너희가 회개하여 각각 예수 그리스도의 이름으로 세례를 받고 죄 사함을 받으라. 그리하면 성령의 선물을 받으리니.(행 2:38)

102. 무릇 그리스도 예수 안에서 경건하게 살고자 하는 자는 박해를 받으리라.(딤후 3:12)

103. 지극히 작은 것에 충성된 자는 큰 것에도 충성되고 지극히 작은 것에 불의한 자는 큰 것에도 불의하니라.(눅 16:10)

104. 욕심이 잉태한즉 죄를 낳고 죄가 장성한 즉 사망을 낳느니라.(약 1:15)

105. 사람이 떡으로만 살 것이 아니요 하나님의 입으로부터 나오는 모든 말씀으로 살 것이라 하였느니라.(마 4:4, 신 8:3)

106. 내가 율법이나 선지자를 폐하러 온 줄로 생각하지 말라 폐하러 온 것이 아니요 완전하게 하려 함이라.(마 5:17)

107. 누구든지 일하기 싫어하거든 먹지도 말게 하라.(살후 3:10)

108. 오직 선을 행함과 서로 나누어 주기를 잊지 말라 하나님은 이같은 제사를 기뻐하시느니라.(히 13:16)

109. 하나님은 모든 행위와 모든 은밀한 일을 선악 간에 심판하시리라.

(전 12:14)

110. 징계는 다 받는 것이거늘 너희에게 없으면 사생자요 친아들이 아니니라.(히 12:8)

111. 사람이 마음으로 자기의 길을 계획할지라도 그의 걸음을 인도하시는 이는 여호와시니라.(잠 16:9)

112. 하나님이 세상을 이처럼 사랑하사 독생자를 주셨으니 이는 그를 믿는 자마다 멸망하지 않고 영생을 얻게 하려 하심이라.(요 3:16)

113. 모든 눈물을 그 눈에서 닦아 주시니 다시는 사망이 없고 애통하는 것이나 곡하는 것이나 아픈 것이 다시 있지 아니하리니 처음 것들이 다 지나갔음이라.(계 21:4)

114. 그 열두 문은 열두 진주니 각 문마다 한 개의 진주로 되어 있고 성의 길은 맑은 유리 같은 정금이더라.(계 21:21)

115. 지옥에 던져지는 것보다 나으니라 거기에는 구더기도 죽지 않고 불도 꺼지지 아니하느니라. 사람마다 불로써 소금 치듯 함을 받으리라.(막 9:47~49)

116. 모든 사람이 죄를 범하였으매 하나님의 영광에 이르지 못하더니.(롬 3:23)

117. 사람에게서 나오는 그것이 사람을 더럽게 하느니라. 속에서 곧 사람의 마음에서 나오는 것은 악한 생각 곧 음란과 도둑질과 살인과 간음과 탐욕과 악독과 속임과 음탕과 질투와 비방과 교만과 우매함이니 이 모든 악한 것이 다 속에서 나와서 사람을 더럽게 하느니라.(막 7:20~23)

118. 그가 빛 가운데 계신 것 같이 우리도 빛 가운데 행하면 우리가 서로 사귐이 있고 그 아들 예수의 피가 우리를 모든 죄에서 깨끗하게 하실 것이요.(요일 1:7)

119. 영접하는 자 곧 그 이름을 믿는 자들에게는 하나님의 자녀가 되는 권세를 주셨으니.(요 1:12)

120. 볼지어다 내가 문 밖에 서서 두드리노니 누구든지 내 음성을 듣고

문을 열면 내가 그에게로 들어가 그와 더불어 먹고 그는 나와 더불어 먹으리라.(계 3:20)

121. 그러므로 형제들아 내가 하나님의 모든 자비하심으로 너희를 권하노니 너희 몸을 하나님이 기뻐하시는 거룩한 산 제물로 드리라 이는 너희가 드릴 영적 예배니라 너희는 이 세대를 본받지 말고 오직 마음을 새롭게 함으로 변화를 받아 하나님의 선하시고 기뻐하시고 온전하신 뜻이 무엇인지 분별하도록 하라.(롬 12:1~2)

122. 그러므로 믿음은 들음에서 나며 들음은 그리스도의 말씀으로 말미암았느니라.(롬 10:17)

123. 죄의 삯은 사망이요, 하나님의 은사는 그리스도 예수 우리 주 안에 있는 영생이니라(롬 6:23)

124. 우리가 아직 죄인 되었을 때에 그리스도께서 우리를 위하여 죽으심으로 하나님께서 우리에 대한 자기의 사랑을 확증하셨느니라(롬 5:8)

125. 그리스도께서 우리 죄를 위하여 죽으시고 장사 지낸 바 되셨다가 성경대로 사흘 만에 다시 살아나사 게바에게 보이시고 후에 열두 제자에게와 그 후에 오백여 형제에게 일시에 보이셨나니.(고전 15:3~6)

126. 너희는 그 은혜에 의하여 믿음으로 말미암아 구원을 받았으니 이것은 너희에게서 난 것이 아니요, 하나님의 선물이라 행위에서 난 것이 아니니 이는 누구든지 자랑하지 못하게 함이라.(엡 2:8~9)

127. 또 증거는 이것이니 하나님이 우리에게 영생을 주신 것과 이 생명이 그의 아들 안에 있는 그것이니라. 아들이 있는 자에게는 생명이 있고 하나님의 아들이 없는 자에게는 생명이 없느니라. 내가 하나님의 아들의 이름을 믿는 너희에게 이것을 쓰는 것은 너희로 하여금 너희에게 영생이 있음을 알게 하려 함이라.(요일 5:11~13)

128. 내가 진실로 진실로 너희에게 이르노니 내 말을 듣고 또 나 보내

신 이를 믿는 자는 영생을 얻었고 심판에 이르지 아니하나니 사망에서 생명으로 옮겼느니라.(요 5:24)

129. 그 아들 안에서 우리가 속량 곧 죄 사함을 얻었도다(골 1:14)

130. 여호와여 사람이 무엇이기에 주께서 그를 알아주시며 인생이 무엇이기에 그를 생각하시나이까.(시144:3)

131. 수고하고 무거운 짐 진 자들아 다 내게로 오라 내가 너희를 쉬게 하리라(마 11:28)

132. 너희는 너희 아비 마귀에게서 났으니 너희 아비의 욕심대로 너희도 행하고자 하느니라. 그는 처음부터 살인한 자요, 진리가 그 속에 없으므로 진리에 서지 못하고 거짓을 말할 때마다 제 것으로 말하나니 이는 그가 거짓말쟁이요, 거짓의 아비가 되었음이라.(요 8:44)

133. 청년들아 내가 너희에게 쓴 것은 너희가 강하고 하나님의 말씀이 너희 안에 거하시며 너희가 흉악한 자를 이기었음이라.(요일 2:14)

134. 청년이 무엇으로 그의 행실을 깨끗하게 하리이까. 주의 말씀만 지킬 따름이니이다.(시 119:9)

135. 주의 법을 사랑하는 자에게는 큰 평안이 있으니 그들에게 장애물이 없으리이다.(시 119:165)

136. 이 율법책을 네 입에서 떠나지 말게 하며 주야로 그것을 묵상하여 그 안에 기록된 대로 다 지켜 행하라 그리하면 네 길이 평탄하게 될 것이며 네가 형통하리라.(수 1:8)

137. 복 있는 사람은 악인들의 꾀를 따르지 아니하며 죄인들의 길에 서지 아니하며 오만한 자들의 자리에 앉지 아니하고 오직 여호와의 율법을 즐거워하여 그의 율법을 주야로 묵상하도다. 그는 시냇가에 심은 나무가 철을 따라 열매를 맺으며 그 잎사귀가 마르지 아니함 같으니 그가 하는 모든 일이 다 형통하리로다.(시 1:1~3)

138. 이 예언의 말씀을 읽는 자와 듣는 자와 그 가운데에 기록한 것을 지키는 자는 복이 있나니 때가 가까움이라.(계 1:3)

139. 그를 믿는 사람들이 다 그의 이름을 힘입어 죄 사함을 받는다 하였느니라.(행 10:43)

140. 이를 위하여 그리스도께서 죽었다가 다시 살아나셨으니 곧 죽은 자와 산 자의 주가 되려 하심이라.(롬 14:9)

141. 그러므로 염려하여 이르기를 무엇을 먹을까 무엇을 마실까 무엇을 입을까 하지 말라 이는 다 이방인들이 구하는 것이라 너희 하늘 아버지께서 이 모든 것이 너희에게 있어야 할 줄을 아시느니라(마 6:31~32)

142. 여호와는 나의 목자시니 내게 부족함이 없으리로다. 그가 나를 푸른 풀밭에 누이시며 쉴 만한 물가로 인도하시는도다. 내 영혼을 소생시키시고 자기 이름을 위하여 의의 길로 인도하시는도다. 내가 사망의 음침한 골짜기로 다닐지라도 해를 두려워하지 않을 것은 주께서 나와 함께 하심이라. 주의 지팡이와 막대기가 나를 안위하시나이다. 주께서 내 원수의 목전에서 내게 상을 차려 주시고 기름을 내 머리에 부으셨으니 내 잔이 넘치나이다. 내 평생에 선하심과 인자하심이 반드시 나를 따르리니 내가 여호와의 집에 영원히 살리로다.(시 23:1~6)

143. 술 취하지 말라 이는 방탕한 것이니 오직 성령으로 충만함을 받으라.(엡 5:18)

144. 만군의 여호와가 이르노라 너희의 온전한 십일조를 창고에 들여 나의 집에 양식이 있게 하고 그것으로 나를 시험하여 내가 하늘 문을 열고 너희에게 복을 쌓을 곳이 없도록 붓지 아니하나 보라(말 3:10)

145. 네 짐을 여호와께 맡기라. 그가 너를 붙드시고 의인의 요동함을 영원히 허락하지 아니하시리로다.(시 55:22)

146. 네가 죽도록 충성하라 그리하면 내가 생명의 관을 네게 주리라.(계 2:10)

147. 한 번 죽는 것은 사람에게 정해진 것이요, 그 후에는 심판이 있으리니(히 9:27)

148. 누구든지 하나님을 사랑하노라 하고 그 형제를 미워하면 이는 거짓말하는 자니 보는바 그 형제를 사랑하지 아니하는 자는 보지 못하는 바 하나님을 사랑할 수 없느니라.(요일 4:20)

149. 자녀들아 우리가 말과 혀로만 사랑하지 말고 행함과 진실함으로 하자.(요일 3:18)

150. 심령이 가난한 자는 복이 있나니 천국이 그들의 것임이요. 애통하는 자는 복이 있나니 그들이 위로를 받을 것임이요, 온유한 자는 복이 있나니 그들이 땅을 기업으로 받을 것임이요, 의에 주리고 목마른 자는 복이 있나니 그들이 배부를 것임이요.(마 5:3~6)

151. 긍휼히 여기는 자는 복이 있나니 그들이 긍휼히 여김을 받을 것임이요 마음이 청결한 자는 복이 있나니 그들이 하나님을 볼 것임이요 화평하게 하는 자는 복이 있나니 그들이 하나님의 아들이라 일컬음을 받을 것임이요, 의를 위하여 박해를 받은 자는 복이 있나니 천국이 그들의 것임이라.(마 5:7~10)

152. 야베스가 이스라엘 하나님께 아뢰어 이르되 주께서 내게 복을 주시려거든 나의 지역을 넓히시고 주의 손으로 나를 도우사 나로 환난을 벗어나 내게 근심이 없게 하옵소서. 하였더니 하나님이 그가 구하는 것을 허락하셨더라(대상 4:10)

153. 네 길을 여호와께 맡기라 그를 의지하면 그가 이루시고 네 의를 빛같이 나타내시며 네 공의를 정오의 빛같이 하시리로다.(시 37:5~6)

154. 깨어 믿음에 굳게 서서 남자답게 강건하라 너희 모든 일을 사랑으로 행하라.(고전 16:13~14)

155. 아무 일에든지 다툼이나 허영으로 하지 말고 오직 겸손한 마음으로 각각 자기보다 남을 낫게 여기고 각각 자기 일을 돌볼뿐더러 또한 각각 다른 사람들의 일을 돌보아 나의 기쁨을 충만하게 하라(빌 2:3~4)

156. 의심하고 먹는 자는 정죄되었나니 이는 믿음을 따라 하지 아니하였기

때문이라 믿음을 따라 하지 아니하는 것은 다 죄니라(롬 14:23)

157. 네 시작은 미약하였으나 네 나중은 심히 창대하리라(욥 8:7)
158. 주의 말씀은 내 발의 등이요, 내 길에 빛이니이다(시 119:105)
159. 나는 마음이 온유하고 겸손하니 나의 멍에를 메고 내게 배우라 그리하면 너희 마음이 쉼을 얻으리니(마 11:29)
160. 너희는 택하신 족속이요 왕 같은 제사장들이요 거룩한 나라요 그의 소유가 된 백성이니(벧전 2:9)
161. 나를 믿는 자는 내가 하는 일을 그도 할 것이요, 또한 그보다 큰 일도 하리니(요 14:12)
162. 사랑하는 자여 네 영혼이 잘됨 같이 네가 범사에 잘되고 강건하기를 내가 간구하노라(요3서 1:2)
163. 경건의 모양은 있으나 경건의 능력은 부인하니 이 같은 자들에게서 네가 돌아서라(딤후 3:5)
164. 보라 내가 속히 오리니 내가 줄 상이 내게 있어 각 사람에게 그가 행한 대로 갚아 주리라 나는 알파와 오메가요 처음과 마지막이요 시작과 마침이라.(계 22:12~13)
165. 믿음은 바라는 것들의 실상이요 보이지 않는 것들의 증거니 선진들이 이로써 증거를 얻었느니라.(히 11:1~2)
166. 너희가 얻지 못함은 구하지 아니하기 때문이요 구하여도 받지 못함은 정욕으로 쓰려고 잘못 구하기 때문이라.(약 4:2~3)
167. 하나님은 영이시니 예배하는 자가 영과 진리로 예배할지니라(요 4:24)
168. 나를 능하게 하신 그리스도 예수 우리 주께 내가 감사함은 나를 충성되이 여겨 내게 직분을 맡기심이니(딤전 1:12)
169. 그러므로 너희가 그리스도 예수를 주로 받았으니 그 안에서 행하되 그 안에 뿌리를 박으며 세움을 받아 교훈을 받은 대로 믿음에 굳

게 서서 감사함을 넘치게 하라(골 2:6~7)

170. 좁은 문으로 들어가라 멸망으로 인도하는 문은 크고 그 길이 넓어 그리로 들어가는 자가 많고 생명으로 인도하는 문은 좁고 길이 협착하여 찾는 자가 적음이라(마 7:13~14)

171. 그러므로 누구든지 나의 이 말을 듣고 행하는 자는 그 집을 반석 위에 지은 지혜로운 사람 같으리니(마 7:24)

172. 이에 예수께서 제자들에게 이르시되 누구든지 나를 따라오려거든 자기를 부인하고 자기 십자가를 지고 나를 따를 것이니라.(마 16:24)

173. 이르시되 너희 믿음이 작은 까닭이니라. 진실로 너희에게 이르노니 만일 너희에게 믿음이 겨자씨 한 알 만큼만 있어도 이 산을 명하여 여기서 저기로 옮겨지라 하면 옮겨질 것이요, 또 너희가 못할 것이 없으리라.(마 17:20)

174. 이르시되 진실로 너희에게 이르노니 너희가 돌이켜 어린아이들과 같이 되지 아니하면 결단코 천국에 들어가지 못하리라.(마 18:3)

175. 인자가 온 것은 섬김을 받으려 함이 아니라 도리어 섬기려 하고 자기 목숨을 많은 사람의 대속물로 주려 함이니라(마 20:28)

176. 피곤한 자에게는 능력을 주시며 무능한 자에게는 힘을 더하시나니(사 40:29)

177. 오직 여호와를 앙망하는 자는 새 힘을 얻으리니 독수리가 날개치며 올라감 같을 것이요 달음박질하여도 곤비하지 아니하겠고 걸어가도 피곤하지 아니하리로다.(사 40:31)

178. 상한 갈대를 꺾지 아니하며 꺼져가는 등불을 끄지 아니하고 진실로 정의를 시행할 것이며(사 42:3)

179. 사람이 마땅히 우리를 그리스도의 일꾼이요, 하나님의 비밀을 맡은 자로 여길지어다. 그리고 맡은 자들에게 구할 것은 충성이니라.(고전 4:1~2)

180. 너희 몸은 너희가 하나님께로부터 받은바 너희 가운데 계신 성령의 전인 줄을 알지 못하느냐 너희는 너희 자신의 것이 아니라(고전 6:19)

181. 여호와를 경외하는 것이 지식의 근본이거늘 미련한 자는 지혜와 훈계를 멸시하느니라.(잠 1:7)

182. 대저 여호와는 지혜를 주시며 지식과 명철을 그 입에서 내심이며 그는 정직한 자를 위하여 완전한 지혜를 예비하시며 행실이 온전한 자에게 방패가 되시나니(잠 2:6~7)

183. 여호와를 경외하는 것이 지혜의 근본이요 거룩하신 자를 아는 것이 명철이니라.(잠 9:10)

184. 그러므로 하나님의 능하신 손아래에서 겸손하라. 때가 되면 너희를 높이시리라.(벧전 5:6)

185. 여호와를 의뢰하고 선을 행하라 땅에 머무는 동안 그의 성실을 먹을거리로 삼을지어다. 또 여호와를 기뻐하라 그가 네 마음의 소원을 네게 이루어 주시리로다.(시 37:3~4)

186. 그러나 진리의 성령이 오시면 그가 너희를 모든 진리 가운데로 인도하시리니 그가 스스로 말하지 않고 오직 들은 것을 말하며 장래 일을 너희에게 알리시리라.(요 16:13)

187. 내 사랑하는 자들아 너희가 친히 원수를 갚지 말고 하나님의 진노하심에 맡기라 기록되었으되 원수 갚는 것이 내게 있으니 내가 갚으리라고 주께서 말씀하시니라.(롬 12:19)

188. 아들을 낳으리니 이름을 예수라 하라 이는 그가 자기 백성을 그들의 죄에서 구원할 자이심이라 하니라.(마 1:21)

189. 보라 처녀가 잉태하여 아들을 낳을 것이요, 그의 이름은 임마누엘이라 하리라 하셨으니 이를 번역한즉 하나님이 우리와 함께 계시다 함이라.(마 1:23)

190. 너희는 세상의 소금이니 소금이 만일 그 맛을 잃으면 무엇으로 짜게 하리요, 후에는 아무 쓸 데 없어 다만 밖에 버려져 사람에게 밟힐 뿐이니라. 너희는 세상의 빛이라 산 위에 있는 동네가 숨겨지지 못할 것이요.(마

5:13~14)

191. 내 안에 거하라 나도 너희 안에 거하리라 가지가 포도나무에 붙어 있지 아니하면 스스로 열매를 맺을 수 없음 같이 너희도 내 안에 있지 아니하면 그러하리라.(요 15:4)

192. 예수께서 대답하시되 진실로 진실로 네게 이르노니 사람이 물과 성령으로 나지 아니하면 하나님의 나라에 들어갈 수 없느니라.(요 3:5)

193. 만일 너희 속에 하나님의 영이 거하시면 너희가 육신에 있지 아니하고 영에 있나니 누구든지 그리스도의 영이 없으면 그리스도의 사람이 아니라(롬 8:9)

194. 이와 같이 성령도 우리의 연약함을 도우시나니 우리는 마땅히 기도할 바를 알지 못하나 오직 성령이 말할 수 없는 탄식으로 우리를 위하여 친히 간구하시느니라.(롬 8:26)

195. 그러므로 사람이 선을 행할 줄 알고도 행하지 아니하면 죄니라(약 4:17)

196. 모든 무거운 것과 얽매이기 쉬운 죄를 벗어 버리고 인내로써 우리 앞에 당한 경주를 하며 믿음의 주여! 또 온전하게 하시는 이인 예수를 바라보자 그는 그 앞에 있는 기쁨을 위하여 십자가를 참으사 부끄러움을 개의치 아니하시더니 하나님 보좌 우편에 앉으셨느니라(히 12:1~2)

197. 누가 우리를 그리스도의 사랑에서 끊으리요, 환난이나 곤고나 박해나 기근이나 적신이나 위험이나 칼이랴(롬 8:35)

198. 하나님의 나라는 말에 있지 아니하고 오직 능력에 있음이라.(고전 4:20)

199. 상심한 자들을 고치시며 그들의 상처를 싸매시는도다.(시 147:3)

200. 이 하나님은 영원히 우리 하나님이시니 그가 우리를 죽을 때까지 인도하시리로다.(시 48:14)

201. 태초에 하나님이 천지를 창조하시니라 땅이 혼돈하고 공허하며 흑암이 깊음 위에 있고 하나님의 영은 수면 위에 운행하시니라.(창 1:1~2)

202. 태초에 말씀이 계시니라 이 말씀이 하나님과 함께 계셨으니 이 말씀은

곧 하나님이시니라. 그가 태초에 하나님과 함께 계셨고 만물이 그로 말미암아 지은 바 되었으니 지은 것이 하나도 그가 없이는 된 것이 없느니라. (요 1:1~3)

203. 내가 사람의 방언과 천사의 말을 할지라도 사랑이 없으면 소리 나는 구리와 울리는 꽹과리가 되고 내가 예언하는 능력이 있어 모든 비밀과 모든 지식을 알고 또 산을 옮길 만한 모든 믿음이 있을지라도 사랑이 없으면 내가 아무것도 아니요 내가 내게 있는 모든 것으로 구제하고 또 내 몸을 불사르게 내줄지라도 사랑이 없으면 내게 아무 유익이 없느니라.(고전 13:1~3)

204. 선을 행하고 선한 사업을 많이 하고 나누어 주기를 좋아하며 너그러운 자가 되게 하라 이것이 장래에 자기를 위하여 좋은 터를 쌓아 참된 생명을 취하는 것이니라.(딤전 6:18~19)

205. 하나님 말씀을 받을 때에 사람의 말로 받지 아니하고 하나님의 말씀으로 받음이니 진실로 그러하도다. 이 말씀이 또한 너희 믿는 자 가운데에서 역사하느니라.(살전 2:13)

206. 그가 내게 간구하리니 내가 그에게 응답하리라 그들이 환난 당할 때에 내가 그와 함께하여 그를 건지고 영화롭게 하리라(시 91:15)

207. 너를 지으신 이가 말씀하시느니라. 너는 두려워하지 말라 내가 너를 구속하였고 내가 너를 지명하여 불렀나니 너는 내 것이라.(사 43:1)

208. 그리스도께서 단번에 죄를 위하여 죽으사 의인으로서 불의한 자를 대신하셨으니 이는 우리를 하나님 앞으로 인도하려 하심이라 육체로는 죽임을 당하시고 영으로는 살리심을 받으셨으니(벧전 3:18)

209. 너희가 내 이름으로 말미암아 모든 사람에게 미움을 받을 것이나 끝까지 견디는 자는 구원을 받으리라.(막 13:13)

210. 육신의 생각은 사망이요 영의 생각은 생명과 평안이니라(롬 8:6)

211. 그러므로 내일 일을 위하여 염려하지 말라 내일 일은 내일이 염려

할 것이요 한날의 괴로움은 그 날로 족하니라.(마 6:34)

212. 비판을 받지 아니하려거든 비판하지 말라 너희가 비판하는 그 비판으로 너희가 비판을 받을 것이요, 너희가 헤아리는 그 헤아림으로 너희가 헤아림을 받을 것이니라. 어찌하여 형제의 눈 속에 있는 티는 보고 네 눈 속에 있는 들보는 깨닫지 못하느냐.(마 7:1~3)

213. 예수께서 이르시되 나는 부활이요 생명이니 나를 믿는 자는 죽어도 살겠고 무릇 살아서 나를 믿는 자는 영원히 죽지 아니하리니 이것을 네가 믿느냐.(요 11:25~26)

214. 내가 복음을 부끄러워하지 아니하노니 이 복음은 모든 믿는 자에게 구원을 주시는 하나님의 능력이 됨이라.(롬 1:16)

215. 아무에게도 악을 악으로 갚지 말고 모든 사람 앞에서 선한 일을 도모하라 할 수 있거든 너희로서는 모든 사람과 더불어 화목하라.(롬 12:17~18)

216. 네 원수가 주리거든 먹이고 목마르거든 마시게 하라 그리함으로 네가 숯불을 그 머리에 쌓아 놓으리라 악에게 지지 말고 선으로 악을 이기라.(롬 12:20~21)

217. 주 예수를 믿으라. 그리하면 너와 네 집이 구원을 받으리라.(행 16:31)

218. 너희 중에 고난당하는 자가 있느냐 그는 기도할 것이요 즐거워하는 자가 있느냐 그는 찬송할지니라.(약 5:13)

219. 주께서 내게 응답하시고 나의 구원이 되셨으니 내가 주께 감사하리이다.(시 118:21)

220. 오직 너희 죄악이 너희와 너희 하나님 사이를 갈라놓았고 너희 죄가 그의 얼굴을 가리어서 너희에게서 듣지 않으시게 함이니라. (사 59:2)

221. 내가 이르노니 너희는 성령을 따라 행하라 그리하면 육체의 욕심을 이루지 아니 하리라.(갈 5:16)

222. 그리스도 예수 안에 있는 속량으로 말미암아 하나님의 은혜로 값 없이 의롭다 하심을 얻은 자 되었느니라.(롬 3:24)

223. 또 이르시되 너희는 온 천하에 다니며 만민에게 복음을 전파하라.(막 16:15)

224. 내가 복음을 전할지라도 자랑할 것이 없음은 내가 부득불 할 일임이라 만일 복음을 전하지 아니하면 내게 화가 있을 것이로다.(고전 9:16)

225. 너희가 기도할 때에 무엇이든지 믿고 구하는 것은 다 받으리라 하시니라.(마 21:22)

226. 예수께서 그들을 보시며 이르시되 사람으로는 할 수 없으되 하나님으로는 그렇지 아니하니 하나님으로서는 다 하실 수 있느니라.(막 10:27)

227. 새 계명을 너희에게 주노니 서로 사랑하라 내가 너희를 사랑한 것 같이 너희도 서로 사랑하라 너희가 서로 사랑하면 이로써 모든 사람이 너희가 내 제자인 줄 알리라.(요 13:34~35)

228. 평안을 너희에게 끼치노니 곧 나의 평안을 너희에게 주노라 내가 너희에게 주는 것은 세상이 주는 것과 같지 아니하니라 너희는 마음에 근심하지도 말고 두려워하지도 말라.(요 14:27)

229. 여호와는 나의 빛이요 나의 구원이시니 내가 누구를 두려워하리요, 여호와는 내 생명의 능력이시니 내가 누구를 무서워하리요.(시 27:1)

230. 그러나 여호와께서 기다리시나니 이는 너희에게 은혜를 베풀려 하심이요, 일어나시리니 이는 너희를 긍휼히 여기려 하심이라. 대저 여호와는 정의의 하나님이시라. 그를 기다리는 자마다 복이 있도다.(사 30:18)

231. 또 내 이름을 위하여 집이나 형제나 자매나 부모나 자식이나 전토를 버린 자마다 여러 배를 받고 또 영생을 상속하리라.(마 19:29)

232. 예수 그리스도는 어제나 오늘이나 영원토록 동일하시니라.(히 13:8)

233. 스스로 속이지 말라 하나님은 업신여김을 받지 아니하시나니 사람

이 무엇으로 심든지 그대로 거두리라.(갈 6:7)

234. 사람이 성내는 것이 하나님의 의를 이루지 못함이라(약 1:20)

235. 그러므로 예물을 제단에 드리려다가 거기서 네 형제에게 원망들을 만한 일이 있는 것이 생각나거든 예물을 제단 앞에 두고 먼저 가서 형제와 화목하고 그 후에 와서 예물을 드리라.(마 5:23~24)

236. 내가 주는 물을 마시는 자는 영원히 목마르지 아니하리니 내가 주는 물은 그 속에서 영생하도록 솟아나는 샘물이 되리라.(요 4:14)

237. 내게 주신 영광을 내가 그들에게 주었사오니 이는 우리가 하나가 된 것 같이 그들도 하나가 되게 하려 함이니이다.(요 17:22)

238. 하나님이 이르시되 우리의 형상을 따라 우리의 모양대로 우리가 사람을 만들고 그들로 바다의 물고기와 하늘의 새와 가축과 온 땅과 땅에 기는 모든 것을 다스리게 하자 하시고(창 1:26)

239. 네가 네 하나님 여호와의 말씀을 삼가 듣고 내가 오늘 네게 명령하는 그의 모든 명령을 지켜 행하면 네 하나님 여호와께서 너를 세계 모든 민족 위에 뛰어나게 하실 것이라.(신 28:1)

240. 네가 네 하나님 여호와의 말씀을 청종하면 이 모든 복이 네게 임하며 네게 이르리니 성읍에서도 복을 받고 들에서도 복을 받을 것이며 네 몸의 자녀와 네 토지의 소산과 네 짐승의 새끼와 소와 양의 새끼가 복을 받을 것이며 네 광주리와 떡 반죽 그릇이 복을 받을 것이며 네가 들어와도 복을 받고 나가도 복을 받을 것이니라.(신 28:2~6)

241. 누구든지 자기 목숨을 구원하고자 하면 잃을 것이요 누구든지 나와 복음을 위하여 자기 목숨을 잃으면 구원하리라.(막 8:35)

242. 하나님은 사람이 아니시니 거짓말을 하지 않으시고 인생이 아니시니 후회가 없으시도다. 어찌 그 말씀하신 바를 행하지 않으시며 하신 말씀을 실행하지 않으시랴.(민 23:19)

243. 허물을 덮어 주는 자는 사랑을 구하는 자요 그것을 거듭 말하는 자는 친한 벗을 이간하는 자니라.(잠 17:9)
244. 너희는 여호와를 만날 만한 때에 찾으라, 가까이 계실 때에 그를 부르라 악인은 그의 길을, 불의한 자는 그의 생각을 버리고 여호와께로 돌아오라 그리하면 그가 긍휼히 여기시리라 우리 하나님께로 돌아오라 그가 너그럽게 용서하시리라.(사 55:6~7)
245. 너는 청년의 때에 너의 창조주를 기억하라 곧 곤고한 날이 이르기 전에, 나는 아무 낙이 없다고 할 해들이 가깝기 전에 해와 빛과 달과 별들이 어둡기 전에, 비 뒤에 구름이 다시 일어나기 전에 그리하라.(전 12:1~2)
246. 여호와께서 만국을 벌할 날이 가까웠나니 네가 행한 대로 너도 받을 것인즉 네가 행한 것이 네 머리로 돌아갈 것이라(옵 1:15)
247. 너의 하나님 여호와가 너의 가운데에 계시니 그는 구원을 베푸실 전능자이시라 그가 너로 말미암아 기쁨을 이기지 못하시며 너를 잠잠히 사랑하시며 너로 말미암아 즐거이 부르며 기뻐하시리라 하리라.(습 3:17)
248. 예수는 우리가 범죄한 것 때문에 내줌이 되고 또한 우리를 의롭다 하시기 위하여 살아 나셨느니라.(롬 4:25)
249. 누구든지 자기 친족 특히 자기 가족을 돌보지 아니하면 믿음을 배반한 자요 불신자보다 더 악한 자니라.(딤전 5:8)
250. 누구든지 그의 말씀을 지키는 자는 하나님의 사랑이 참으로 그 속에서 온전하게 되었나니 이로써 우리가 그의 안에 있는 줄을 아노라 그의 안에 산다고 하는 자는 그가 행하시는 대로 자기도 행할지니라.(요일 2:5~6)
251. 말씀하시되 나를 따라오라 내가 너희를 사람을 낚는 어부가 되게 하리라 하시니(마 4:19)
252. 나는 너희에게 이르노니 누구든지 음행한 이유 없이 아내를 버리

면 이는 그로 간음하게 함이요 또 누구든지 버림받은 여자에게 장가 드는 자도 간음함이니라.(마 5:32)

253. 그러므로 하늘에 계신 너희 아버지의 온전하심과 같이 너희도 온전하라(마 5:48)

254. 공중의 새를 보라 심지도 않고 거두지도 않고 창고에 모아들이지도 아니하되 너희 하늘 아버지께서 기르시나니 너희는 이것들보다 귀하지 아니하냐.(마 6:26)

255. 너희가 악한 자라도 좋은 것으로 자식에게 줄 줄 알거든 하물며 하늘에 계신 너희 아버지께서 구하는 자에게 좋은 것으로 주시지 않겠느냐.(마 7:11)

256. 그러므로 무엇이든지 남에게 대접을 받고자 하는 대로 너희도 남을 대접하라 이것이 율법이요 선지자니라.(마 7:12)

257. 이에 제자들에게 이르시되 추수할 것은 많되 일꾼이 적으니 그러므로 추수하는 주인에게 청하여 추수할 일꾼들을 보내 주소서 하라 하시니라.(마 9:37~38)

258. 예수께서 그의 열두 제자를 부르사 더러운 귀신을 쫓아내며 모든 병과 모든 약한 것을 고치는 권능을 주시니라.(마 10:1)

259. 몸은 죽여도 영혼은 능히 죽이지 못하는 자들을 두려워하지 말고 오직 몸과 영혼을 능히 지옥에 멸하실 수 있는 이를 두려워하라.(마 10:28)

260. 또 자기 십자가를 지고 나를 따르지 않는 자도 내게 합당하지 아니하니라 자기 목숨을 얻는 자는 잃을 것이요 나를 위하여 자기 목숨을 잃는 자는 얻으리라.(마 10:38~39)

261. 그러므로 내가 너희에게 이르노니 사람에 대한 모든 죄와 모독은 사하심을 얻되 성령을 모독하는 것은 사하심을 얻지 못하겠고(마 12:31)

262. 입으로 들어가는 것이 사람을 더럽게 하는 것이 아니라 입에서 나오는 그것이 사람을 더럽게 하는 것이니라.(마 15:11)

263. 그 주인이 이르되 잘 하였도다, 착하고 충성된 종아 네가 적은 일에 충성하였으매 내가 많은 것을 네게 맡기리니 네 주인의 즐거움에 참여할지어다.(마 25:21)

264. 이르시되 우리가 다른 가까운 마을들로 가자 거기서도 전도하리니 내가 이를 위하여 왔노라.(막 1:38)

265. 이러므로 사람이 그 부모를 떠나서 그 둘이 한 몸이 될지니라 이러한즉 이제 둘이 아니요 한 몸이니 그러므로 하나님이 짝지어 주신 것을 사람이 나누지 못할지니라.(막 10:7~9)

266. 너희 중에 누구든지 으뜸이 되고자 하는 자는 모든 사람의 종이 되어야 하리라.(막 10:44)

267. 하나님은 죽은 자의 하나님이 아니요 산 자의 하나님이시라 너희가 크게 오해하였도다.(막 12:27)

268. 그 때에 인자가 구름을 타고 큰 권능과 영광으로 오는 것을 사람들이 보리라.(막 13:26)

269. 예수께서 이르시되 내가 그니라 인자가 권능자의 우편에 앉은 것과 하늘 구름을 타고 오는 것을 너희가 보리라 하시니(막 14:62)

270. 믿고 세례를 받는 사람은 구원을 얻을 것이요, 믿지 않는 사람은 정죄를 받으리라.(막 16:16)

271. 주의 성령이 내게 임하셨으니 이는 가난한 자에게 복음을 전하게 하시려고 내게 기름을 부으시고 나를 보내사 포로 된 자에게 자유를, 눈먼 자에게 다시 보게 함을 전파하며 눌린 자를 자유롭게 하고 주의 은혜의 해를 전파하게 하려 하심이라 하였더라.(눅 4:18~19)

272. 예수께서 대답하여 이르시되 건강한 자에게는 의사가 쓸 데 없고 병든 자에게라야 쓸 데 있나니 내가 의인을 부르러 온 것이 아니요, 죄인을 불러 회개시키러 왔노라.(눅 5:31~32)

273. 주라 그리하면 너희에게 줄 것이니 곧 후히 되어 누르고 흔들어 넘치도록 하여 너희에게 안겨 주리라 너희가 헤아리는 그 헤아림으로 너희도 헤아림을 도로 받을 것이니라.(눅 6:38)

274. 누구든지 나와 내 말을 부끄러워하면 인자도 자기와 아버지와 거룩한 천사들의 영광으로 올 때에 그 사람을 부끄러워하리라.(눅 9:26)

275. 그러나 귀신들이 너희에게 항복하는 것으로 기뻐하지 말고 너희 이름이 하늘에 기록된 것으로 기뻐하라 하시니라.(눅 10:20)

276. 너희 보물 있는 곳에는 너희 마음도 있으리라.(눅 12:34)

277. 누구든지 자기 십자가를 지고 나를 따르지 않는 자도 능히 내 제자가 되지 못하리라.(눅 14:27)

278. 하물며 하나님께서 그 밤낮 부르짖는 택하신 자들의 원한을 풀어 주지 아니하시겠느냐 그들에게 오래 참으시겠느냐(눅 18:7)

279. 말씀이 육신이 되어 우리 가운데 거하시매 우리가 그의 영광을 보니 아버지의 독생자의 영광이요 은혜와 진리가 충만하더라.(요 1:14)

280. 보라 세상 죄를 지고 가는 하나님의 어린 양이로다.(요 1:29)

281. 그를 믿는 자는 심판을 받지 아니하는 것이요 믿지 아니하는 자는 하나님의 독생자의 이름을 믿지 아니하므로 벌써 심판을 받은 것이니라. 그 정죄는 이것이니 곧 빛이 세상에 왔으되 사람들이 자기 행위가 악하므로 빛보다 어둠을 더 사랑한 것이니라.(요 3:18~19)

282. 아들을 믿는 자에게는 영생이 있고 아들에게 순종하지 아니하는 자는 영생을 보지 못하고 도리어 하나님의 진노가 그 위에 머물러 있느니라.(요 3:36)

283. 예수께서 이르시되 나는 생명의 떡이니 내게 오는 자는 결코 주리지 아니할 터이요 나를 믿는 자는 영원히 목마르지 아니하리라.(요 6:35)

284. 내 살을 먹고 내 피를 마시는 자는 영생을 가졌고 마지막 날에 내가 그를 다시 살리리니(요 6:54)

285. 살리는 것은 영이니 육은 무익하니라. 내가 너희에게 이른 말은 영이요 생명이라.(요 6:63)
286. 예수께서 또 말씀하여 이르시되 나는 세상의 빛이니 나를 따르는 자는 어둠에 다니지 아니하고 생명의 빛을 얻으리라.(요 8:12)
287. 진리를 알지니 진리가 너희를 자유롭게 하리라.(요 8:32)
288. 하나님께 속한 자는 하나님의 말씀을 듣나니 너희가 듣지 아니함은 하나님께 속하지 아니하였음이로다.(요 8:47)
289. 내가 문이니 누구든지 나로 말미암아 들어가면 구원을 받고 또는 들어가며 나오며 꼴을 얻으리라.(요10:9)
290. 내가 그들에게 영생을 주노니 영원히 멸망하지 아니할 것이요 또 그들을 내 손에서 빼앗을 자가 없느니라.(요 10:28)
291. 내가 진실로 너희에게 이르노니 한 알의 밀이 땅에 떨어져 죽지 아니하면 한 알 그대로 있고 죽으면 많은 열매를 맺느니라.(요12:24)
292. 너희는 마음에 근심하지 말라 하나님을 믿으니 또 나를 믿으라 내 아버지 집에 거할 곳이 많도다. 그렇지 않으면 너희에게 일렀으리라 내가 너희를 위하여 거처를 예비하러 가노니 가서 너희를 위하여 거처를 예비하면 내가 다시 와서 너희를 내게로 영접하여 나 있는 곳에 너희도 있게 하리라.(요 14:1~3)
293. 그는 진리의 영이라 세상은 능히 그를 받지 못하나니 이는 그를 보지도 못하고 알지도 못함이라 그러나 너희는 그를 아나니 그는 너희와 함께 거하심이요 또 너희 속에 계시겠음이라.(요 14:17)
294. 이제부터는 너희를 종이라 하지 아니하리니 종은 주인이 하는 것을 알지 못함이라 너희를 친구라 하였나니 내가 내 아버지께 들은 것을 다 너희에게 알게 하였음이라.(요 15:15)
295. 그가 와서 죄에 대하여, 의에 대하여, 심판에 대하여 세상을 책망하시리

라 죄에 대하여라. 함은 그들이 나를 믿지 아니함이요 의에 대하여라 함은 내가 아버지께로 가니 너희가 다시 나를 보지 못함이요 심판에 대하여라 함은 이 세상 임금이 심판을 받았음이라.(요 16:8~11)

296. 지금은 너희가 근심하나 내가 다시 너희를 보리니 너희 마음이 기쁠 것이요 너희 기쁨을 빼앗을 자가 없으리라.(요 16:22)

297. 지금까지는 너희가 내 이름으로 아무것도 구하지 아니하였으나 구하라 그리하면 받으리니 너희 기쁨이 충만하리라.(요 16:24)

298. 영생은 곧 유일하신 참 하나님과 그가 보내신 자 예수 그리스도를 아는 것이니이다.(요 17:3)

299. 오직 이것을 기록함은 너희로 예수께서 하나님의 아들 그리스도이심을 믿게 하려 함이요 또 너희로 믿고 그 이름을 힘입어 생명을 얻게 하려 함이니라.(요 20:31)

300. 이르되 갈릴리 사람들아 어찌하여 서서 하늘을 쳐다보느냐 너희 가운데서 하늘로 올려지신 이 예수는 하늘로 가심을 본 그대로 오시리라 하였느니라.(행 1:11)

301. 홀연히 하늘로부터 급하고 강한 바람 같은 소리가 있어 그들이 앉은 온 집에 가득하며 마치 불의 혀처럼 갈라지는 것들이 그들에게 보여 각 사람 위에 하나씩 임하여 있더니 그들이 다 성령의 충만함을 받고 성령이 말하게 하심을 따라 다른 언어들로 말하기를 시작하니라.(행 2:2~4)

302. 누구든지 주의 이름을 부르는 자는 구원을 받으리라.(행 2:21)(롬 10:13)

303. 내가 항상 내 앞에 계신 주를 뵈었음이여 나로 요동하지 않게 하기 위하여 그가 내 우편에 계시도다.(행 2:25)

304. 그 이름을 믿음으로 그 이름이 너희가 보고 아는 이 사람을 성하게 하였나니 예수로 말미암아 난 믿음이 너희 모든 사람 앞에서 이

같이 완전히 낫게 하였느니라.(행 3:16)

305. 그들이 날마다 성전에 있든지 집에 있든지 예수는 그리스도라고 가르치기와 전도하기를 그치지 아니하니라.(행 5:42)

306. 여러분에게 복음을 전하는 것은 이런 헛된 일을 버리고 천지와 바다와 그 가운데 만물을 지으시고 살아 계신 하나님께로 돌아오게 함이라.(행 14:15)

307. 내가 달려갈 길과 주 예수께 받은 사명 곧 하나님의 은혜의 복음을 증언하는 일을 마치려 함에는 나의 생명조차 조금도 귀한 것으로 여기지 아니하노라.(행 20:24)

308. 여러분은 자기를 위하여 또는 온 양 떼를 위하여 삼가라 성령이 그들 가운데 여러분을 감독자로 삼고 하나님이 자기 피로 사신 교회를 보살피게 하셨느니라.(행 20:28)

309. 범사에 여러분에게 모본을 보여준 바와 같이 수고하여 약한 사람들을 돕고 또 주 예수께서 친히 말씀하신 바 주는 것이 받는 것보다 복이 있다 하심을 기억하여야 할지니라.(행 20:35)

310. 복음에는 하나님의 의가 나타나서 믿음으로 믿음에 이르게 하나니 기록된바 오직 의인은 믿음으로 말미암아 살리라 함과 같으니라.(롬 1:17)

311. 기록된바 의인은 없나니 하나도 없으며 깨닫는 자도 없고 하나님을 찾는 자도 없고 다 치우쳐 함께 무익하게 되고 선을 행하는 자는 없나니 하나도 없도다.(롬 3:10~12)

312. 그러므로 율법의 행위로 그의 앞에 의롭다 하심을 얻을 육체가 없나니 율법으로는 깨달음이니라.(롬3:20)

313. 곧 이때에 자기의 의로우심을 나타내사 자기도 의로우시며 또한 예수 믿는 자를 의롭다 하려 하심이라.(롬 3:26)

314. 그러므로 사람이 의롭다 하심을 얻는 것은 율법의 행위에 있지 않

고 믿음으로 되는 줄 우리가 인정하노라.(롬 3:28)

315. 그러므로 한 사람으로 말미암아 죄가 세상에 들어오고 죄로 말미암아 사망이 들어왔나니 이와 같이 모든 사람이 죄를 지었으므로 사망이 모든 사람에게 이르렀느니라.(롬 5:12)

316. 이는 죄가 사망 안에서 왕 노릇한 것 같이 은혜도 또한 의로 말미암아 왕 노릇 하여 우리 주 예수 그리스도로 말미암아 영생에 이르게 하려 함이라.(롬 5:21)

317. 내가 원하는 바 선은 행하지 아니하고 도리어 원하지 아니하는바 악을 행하는도다.(롬 7:19)

318. 그러므로 이제 그리스도 예수 안에 있는 자에게는 결코 정죄함이 없나니 이는 그리스도 예수 안에 있는 생명의 성령의 법이 죄와 사망의 법에서 너를 해방하였음이라.(롬 8:1~2)

319. 성령이 친히 우리의 영과 더불어 우리가 하나님의 자녀인 것을 증언하시나니 자녀이면 또한 상속자 곧 하나님의 상속자요 그리스도와 함께 한 상속자니 우리가 그와 함께 영광을 받기 위하여 고난도 함께 받아야 할 것이니라 생각하건대 현재의 고난은 장차 우리에게 나타날 영광과 비교할 수 없도다.(롬 8:16~18)

320. 마음을 살피시는 이가 성령의 생각을 아시나니 이는 성령이 하나님의 뜻대로 성도를 위하여 간구하심이니라.(롬 8:27)

321. 또 미리 정하신 그들을 또한 부르시고 부르신 그들을 또한 의롭다 하시고 의롭다 하신 그들을 또한 영화롭게 하셨느니라.(롬 8:30)

322. 자기 아들을 아끼지 아니하시고 우리 모든 사람을 위하여 내주신 이가 어찌 그 아들과 함께 모든 것을 우리에게 주시지 아니하겠느냐.(롬 8:32)

323. 누가 능히 하나님께서 택하신 자들을 고발하리요 의롭다 하신 이

는 하나님이시니 누가 정죄하리요 죽으실 뿐 아니라 다시 살아나신 이는 그리스도 예수시니 그는 하나님 우편에 계신 자요, 우리를 위하여 간구하시는 자시니라.(롬 8:33~34)

324. 기록된바 우리가 종일 주를 위하여 죽임을 당하게 되며 도살당할 양같이 여김을 받았나이다 함과 같으니라. 그러나 이 모든 일에 우리를 사랑하시는 이로 말미암아 우리가 넉넉히 이기느니라 내가 확신하노니 사망이나 생명이나 천사들이나 권세자들이나 현재 일이나 장래 일이나 능력이나 높음이나 깊음이나 다른 어떤 피조물이라도 우리를 우리 주 그리스도 예수 안에 있는 하나님의 사랑에서 끊을 수 없으리라.(롬 8:36~39)

325. 네가 만일 네 입으로 예수를 주로 시인하며 또 하나님께서 그를 죽은 자 가운데서 살리신 것을 네 마음에 믿으면 구원을 받으리라.(롬 10:9)

326. 마땅히 생각할 그 이상의 생각을 품지 말고 오직 하나님께서 각 사람에게 나누어 주신 믿음의 분량대로 지혜롭게 생각하라.(롬 12:3)

327. 서로 마음을 같이하며 높은 데 마음을 두지 말고 도리어 낮은 데 처하며 스스로 지혜 있는 체하지 말라.(롬 12:16)

328. 피차 사랑의 빚 외에는 아무에게든지 아무 빚도 지지 말라 남을 사랑하는 자는 율법을 다 이루었느니라.(롬 13:8)

329. 낮에와 같이 단정히 행하고 방탕하거나 술 취하지 말며 음란하거나 호색하지 말며 다투거나 시기하지 말고 오직 주 예수 그리스도로 옷 입고 정욕을 위하여 육신의 일을 도모하지 말라(롬 13:13~14)

330. 우리 중에 누구든지 자기를 위하여 사는 자가 없고 자기를 위하여 죽는 자도 없도다.(롬 14:7)

331. 우리 각 사람이 이웃을 기쁘게 하되 선을 이루고 덕을 세우도록 할지니라.(롬 15:2)

332. 소망의 하나님이 모든 기쁨과 평강을 믿음 안에서 너희에게 충만하게 하사 성령의 능력으로 소망이 넘치게 하시기를 원하노라.(롬 15:13)

333. 하나님의 어리석음이 사람보다 지혜롭고 하나님의 약하심이 사람보다 강하니라.(고전 1:25)

334. 내 말과 내 전도함이 설득력 있는 지혜의 말로 하지 아니하고 다만 성령의 나타나심과 능력으로 하여(고전 2:4)

335. 오직 하나님이 성령으로 이것을 우리에게 보이셨으니 성령은 모든 것 곧 하나님의 깊은 것까지도 통달하시느니라.(고전 2:10)

336. 하나님이 주를 다시 살리셨고 또한 그의 권능으로 우리를 다시 살리시리라.(고전 6:14)

337. 그러므로 누구든지 주의 떡이나 잔을 합당하지 않게 먹고 마시는 자는 주의 몸과 피에 대하여 죄를 짓는 것이니라.(고전 11:27)

338. 은사는 여러 가지나 성령은 같고 직분은 여러 가지나 주는 같으며 또 사역은 여러 가지나 모든 것을 모든 사람 가운데서 이루시는 하나님은 같으니 각 사람에게 성령을 나타내심은 유익하게 하려 하심이라.(고전 12:4~7)

339. 만일 한 지체가 고통을 받으면 모든 지체가 함께 고통을 받고 한 지체가 영광을 얻으면 모든 지체가 함께 즐거워하느니라. 너희는 그리스도의 몸이요 지체의 각 부분이라.(고전 12:26~27)

340. 사랑은 언제까지나 떨어지지 아니하되 예언도 폐하고 방언도 그치고 지식도 폐하리라 우리는 부분적으로 알고 부분적으로 예언하니 온전한 것이 올 때에는 부분적으로 하던 것이 폐하리라 내가 어렸을 때에는 말하는 것이 어린아이와 같고 깨닫는 것이 어린아이와 같고 생각하는 것이 어린아이와 같다가 장성한 사람이 되어서는 어린아이의 일을 버렸노라 우리가 지금은 거울로 보는 것 같이 희미하나 그 때에는 얼굴과 얼굴을 대하여 볼 것이요, 지금은 내가 부분적으로

아나 그 때에는 주께서 나를 아신 것 같이 내가 온전히 알리라 그런즉 믿음, 소망, 사랑 이 세 가지는 항상 있을 것인데 그 중의 제일은 사랑이라.(고전 13:8~13)

341. 그리스도께서 다시 살아나신 일이 없으면 너희의 믿음도 헛되고 너희가 여전히 죄 가운데 있을 것이요(고전 15:17)

342. 사망아 너의 승리가 어디 있느냐 사망아 네가 쏘는 것이 어디 있느냐 사망이 쏘는 것은 죄요 죄의 권능은 율법이라(고전 15:55~56)

343. 우리의 모든 환난 중에서 우리를 위로하사 우리로 하여금 하나님께 받는 위로로써 모든 환난 중에 있는 자들을 능히 위로하게 하시는 이시로다.(고후 1:4)

344. 우리가 환난 당하는 것도 너희가 위로와 구원을 받게 하려는 것이요 우리가 위로를 받는 것도 너희가 위로를 받게 하려는 것이니 이 위로가 너희 속에 역사하여 우리가 받는 것 같은 고난을 너희도 견디게 하느니라.(고후 1:6)

345. 항상 우리를 그리스도 안에서 이기게 하시고 우리로 말미암아 각처에서 그리스도를 아는 냄새를 나타내시는 하나님께 감사하노라.(고후 2:14)

346. 그러므로 우리가 낙심하지 아니하노니 우리의 겉사람은 낡아지나 우리의 속사람은 날로 새로워지도다.(고후 4:16)

347. 근심하는 자 같으나 항상 기뻐하고 가난한 자 같으나 많은 사람을 부요하게 하고 아무것도 없는 자 같으나 모든 것을 가진 자로다.(고후 6:10)

348. 각각 그 마음에 정한 대로 할 것이요, 인색함으로나 억지로 하지 말지니 하나님은 즐겨 내는 자를 사랑하시느니라.(고후 9:7)

349. 하나님이 능히 모든 은혜를 너희에게 넘치게 하시나니 이는 너희로 모든 일에 항상 모든 것이 넉넉하여 모든 착한 일을 넘치게 하게 하려 하심이라.(고후 9:8)

350. 주도 한 분이시오, 믿음도 하나요, 세례도 하나요, 하나님도 한 분

이시니 곧 만유의 아버지시라 만유 위에 계시고 만유를 통일하시고 만유 가운데 계시도다.(엡 4:5~6)

351. 분을 내어도 죄를 짓지 말며 해가 지도록 분을 품지 말고 마귀에게 틈을 주지 말라.(엡 4:26~27)

352. 서로 친절하게 하며 불쌍히 여기며 서로 용서 하기를 하나님이 그리스도 안에서 너희를 용서하심과 같이 하라.(엡 4:32)

353. 그러나 너희도 각각 자기의 아내 사랑하기를 자신 같이 하고 아내도 자기 남편을 존경하라.(엡 5:33)

354. 마귀의 간계를 능히 대적하기 위하여 하나님의 전신 갑주를 입으라.(엡 6:11)

355. 너희 안에 이 마음을 품으라 곧 그리스도 예수의 마음이니 그는 근본 하나님의 본체시나 하나님과 동등됨을 취할 것으로 여기지 아니하시고 오히려 자기를 비워 종의 형체를 가지사 사람들과 같이 되셨고(빌 2:5~7)

356. 이는 너희가 흠이 없고 순전하여 어그러지고 거스르는 세대 가운데서 하나님의 흠 없는 자녀로 세상에서 그들 가운데 빛들로 나타내며(빌 2:15)

357. 주 안에서 항상 기뻐하라 내가 다시 말하노니 기뻐하라 너희 관용을 모든 사람에게 알게 하라 주께서 가까우시니라.(빌 4:4~5)

358. 나의 하나님이 그리스도 예수 안에서 영광 가운데 그 풍성한 대로 너희 모든 쓸 것을 채우시리라.(빌 4:19)

359. 그가 우리를 흑암의 권세에서 건져내사 그의 사랑의 아들의 나라로 옮기셨으니(골 1:13)

360. 그러므로 너희가 그리스도와 함께 다시 살리심을 받았으면 위의 것을 찾으라 거기는 그리스도께서 하나님 우편에 앉아 계시느니라(골 3:1)

361. 위의 것을 생각하고 땅의 것을 생각하지 말라 이는 너희가 죽었고 너희 생명이 그리스도와 함께 하나님 안에 감추어졌음이라 우리 생명이신 그리스

도께서 나타나실 그 때에 너희도 그와 함께 영광 중에 나타나리라.(골 3:2~4)

362. 그리스도의 평강이 너희 마음을 주장하게 하라 너희는 평강을 위하여 한 몸으로 부르심을 받았나니 너희는 또한 감사하는 자가 되라.(골 3:15)

363. 그리스도의 말씀이 너희 속에 풍성히 거하여 모든 지혜로 피차 가르치며 권면하고 시와 찬송과 신령한 노래를 부르며 감사하는 마음으로 하나님을 찬양하고 또 무엇을 하든지 말에나 일에나 다 주 예수의 이름으로 하고 그를 힘입어 하나님 아버지께 감사하라.(골 3:16~17)

364. 무슨 일을 하든지 마음을 다하여 주께 하듯 하고 사람에게 하듯 하지 말라(골 3:23)

365. 하나님의 뜻은 이것이니 너희의 거룩함이라.(살전 4:3)

366. 주께서 호령과 천사장의 소리와 하나님의 나팔 소리로 친히 하늘로부터 강림하시리니 그리스도 안에서 죽은 자들이 먼저 일어나고 그 후에 우리 살아남은 자들도 그들과 함께 구름 속으로 끌어 올려 공중에서 주를 영접하게 하시리니 그리하여 우리가 항상 주와 함께 있으리라 그러므로 이러한 말로 서로 위로하라.(살전 4:16~18)

367. 주께서 사랑하시는 형제들아 우리가 항상 너희에 관하여 마땅히 하나님께 감사할 것은 하나님이 처음부터 너희를 택하사 성령의 거룩하게 하심과 진리를 믿음으로 구원을 받게 하심이니(살후 2:13)

368. 주는 미쁘사 너희를 굳건하게 하시고 악한 자에게서 지키시리라.(살후 3:3)

369. 하나님은 모든 사람이 구원을 받으며 진리를 아는 데에 이르기를 원하시느니라. 하나님은 한 분이시오, 또 하나님과 사람 사이에 중보자도 한 분이시니 곧 사람이신 그리스도 예수라.(딤전 2:4~5)

370. 그러나 자족하는 마음이 있으면 경건은 큰 이익이 되느니라. 우리가 세상에 아무것도 가지고 온 것이 없으매 또한 아무것도 가지고 가지 못하리

니 우리가 먹을 것과 입을 것이 있은즉 족한 줄로 알 것이니라.(딤전 6:6~8)

371. 하나님이 우리에게 주신 것은 두려워하는 마음이 아니요 오직 능력과 사랑과 절제하는 마음이니 (딤후 1:7)

372. 나는 선한 싸움을 싸우고 나의 달려갈 길을 마치고 믿음을 지켰으니 이제 후로는 나를 위하여 의의 면류관이 예비되었으므로 주 곧 의로우신 재판장이 그 날에 내게 주실 것이며 내게만 아니라 주의 나타나심을 사모하는 모든 자에게도니라.(딤후 4:7~8)

373. 주께서 나를 모든 악한 일에서 건져내시고 또 그의 천국에 들어가도록 구원하시리니 그에게 영광이 세세무궁토록 있을지어다. (딤후 4:18)

374. 그가 우리를 대신하여 자신을 주심은 모든 불법에서 우리를 속량하시고 우리를 깨끗하게 하사 선한 일을 열심히 하는 자기 백성이 되게 하려 하심이라.(딛 2:14)

375. 아무도 비방하지 말며 다투지 말며 관용하며 범사에 온유함을 모든 사람에게 나타낼 것을 기억하게 하라.(딛 3:2)

376. 우리에게 있는 대제사장은 우리의 연약함을 동정하지 못하실 이가 아니요 모든 일에 우리와 똑같이 시험을 받으신 이로되 죄는 없으시니라.(히 4:15)

377. 믿음으로 모든 세계가 하나님의 말씀으로 지어진 줄을 우리가 아나니 보이는 것은 나타난 것으로 말미암아 된 것이 아니니라. 믿음으로 아벨은 가인보다 더 나은 제사를 하나님께 드림으로 의로운 자라 하시는 증거를 얻었으니 하나님이 그 예물에 대하여 증언하심이라 그가 죽었으나 그 믿음으로써 지금도 말하느니라. 믿음으로 에녹은 죽음을 보지 않고 옮겨졌으니 하나님이 그를 옮기시므로 다시 보이지 아니하였느니라. 그는 옮겨지기 전에 하나님을 기쁘시게 하는 자라 하는 증거를 받았느니라.(히 11:3~5)

378. 무릇 징계가 당시에는 즐거워 보이지 않고 슬퍼 보이나 후에 그로 말미

암아 연단 받은 자들은 의와 평강의 열매를 맺느니라(히 12:11)

379. 내 형제들아 너희가 여러 가지 시험을 당하거든 온전히 기쁘게 여기라 이는 너희 믿음의 시련이 인내를 만들어 내는 줄 너희가 앎이라.(약 1:2~3)

380. 사람이 시험을 받을 때에 내가 하나님께 시험을 받는다 하지 말지니 하나님은 악에게 시험을 받지도 아니하시고 친히 아무도 시험하지 아니하시느니라. 오직 각 사람이 시험을 받는 것은 자기 욕심에 끌려 미혹됨이니(약 1:13~14)

381. 영혼 없는 몸이 죽은 것 같이 행함이 없는 믿음은 죽은 것이니라.(약 2:26)

382. 오직 위로부터 난 지혜는 첫째 성결하고 다음에 화평하고 관용하고 양순하며 긍휼과 선한 열매가 가득하고 편견과 거짓이 없나니 화평하게 하는 자들은 화평으로 심어 의의 열매를 거두느니라.(약 3:17~18)

383. 너희가 거듭난 것은 썩어질 씨로 된 것이 아니요 썩지 아니할 씨로 된 것이니 살아 있고 항상 있는 하나님의 말씀으로 되었느니라.(벧전 1:23)

384. 만물의 마지막이 가까이 왔으니 그러므로 너희는 정신을 차리고 근신하여 기도하라 무엇보다도 뜨겁게 서로 사랑할지니 사랑은 허다한 죄를 덮느니라.(벧전 4:7~8)

385. 서로 대접하기를 원망 없이 하고 각각 은사를 받은 대로 하나님의 여러 가지 은혜를 맡은 선한 청지기 같이 서로 봉사하라.(벧전 4:9~10)

386. 만일 누가 말하려면 하나님의 말씀을 하는 것 같이하고 누가 봉사하려면 하나님이 공급하시는 힘으로 하는 것 같이 하라 이는 범사에 예수 그리스도로 말미암아 하나님이 영광을 받으시게 하려 함이니 그에게 영광과 권능이 세세에 무궁하도록 있느니라. – 아멘(벧전 4:11)

387. 근신하라 깨어라 너희 대적 마귀가 우는 사자 같이 두루 다니며 삼킬 자를 찾나니 너희는 믿음을 굳건하게 하여 그를 대적하라 이는 세상에 있는 너희 형제들도 동일한 고난을 당하는 줄을 앎이라(벧전 5:8~9)

388. 그러므로 너희가 더욱 힘써 너희 믿음에 덕을, 덕에 지식을, 지식에 절제를, 절제에 인내를, 인내에 경건을, 경건에 형제 우애를, 형제 우애에 사랑을 더하라.(벧후 1:5~7)

389. 주의 약속은 어떤 이들이 더디다고 생각하는 것 같이 더딘 것이 아니라 오직 주께서는 너희를 대하여 오래 참으사 아무도 멸망하지 아니하고 다 회개하기에 이르기를 원하시느니라. 그러나 주의 날이 도둑 같이 오리니 그 날에는 하늘이 큰 소리로 떠나가고 물질이 뜨거운 불에 풀어지고 땅과 그 중에 있는 모든 일이 드러나리로다.(벧후 3:9~10)

390. 사랑은 여기 있으니 우리가 하나님을 사랑한 것이 아니요 하나님이 우리를 사랑하사 우리 죄를 속하기 위하여 화목 제물로 그 아들을 보내셨음이라 사랑하는 자들아 하나님이 이같이 우리를 사랑하셨은즉 우리도 서로 사랑하는 것이 마땅하도다.(요일 4:10~11)

391. 누구든지 예수를 하나님의 아들이라 시인하면 하나님이 그의 안에 거하시고 그도 하나님 안에 거하느니라.(요일 4:15)

392. 주 하나님이 이르시되 나는 알파와 오메가라 이제도 있고 전에도 있었고 장차 올 자요 전능한 자라 하시더라.(계 1:8)

393. 성도들의 인내가 여기 있나니 그들은 하나님의 계명과 예수에 대한 믿음을 지키는 자니라.(계 14:12)

394. 그들이 어린 양과 더불어 싸우려니와 어린 양은 만주의 주시오 만왕의 왕이시므로 그들을 이기실 터이요 또 그와 함께 있는 자들 곧 부르심을 받고 택하심을 받은 진실한 자들도 이기리로다.(계 17:14)

395. 여호와 하나님이 땅의 흙으로 사람을 지으시고 생기를 그 코에 불어넣으시니 사람이 생령이 되니라.(창 2:7)

396. 네가 흙으로 돌아갈 때까지 얼굴에 땀을 흘려야 먹을 것을 먹으리니 네가 그것에서 취함을 입었음이라 너는 흙이니 흙으로 돌아갈 것이

니라.(창 3:19)

397. 너를 축복하는 자에게는 내가 복을 내리고 너를 저주하는 자에게는 내가 저주하리니 땅의 모든 족속이 너로 말미암아 복을 얻을 것이라.(창 12:3)

398. 내가 그로 그 자식과 권속에게 명하여 여호와의 도를 지켜 의와 공도를 행하게 하려고 그를 택하였나니 이는 나 여호와가 아브라함에게 대하여 말한 일을 이루려 함이니라.(창 18:19)

399. 하나님이 모세에게 이르시되 나는 스스로 있는 자이니라 또 이르시되 너는 이스라엘 자손에게 이같이 이르기를 스스로 있는 자가 나를 너희에게 보내셨다.(출 3:14)

400. 내가 너를 세웠음은 나의 능력을 네게 보이고 내 이름이 온 천하에 전파되게 하려 하였음이니라.(출9:16)

401. 여호와는 나의 힘이요 노래시며 나의 구원이시로다 그는 나의 하나님이시니 내가 그를 찬송할 것이요 내 아버지의 하나님이시니 내가 그를 높이리로다.(출 15:2)

402. 세계가 다 내게 속하였나니 너희가 내 말을 잘 듣고 내 언약을 지키면 너희는 모든 민족 중에서 내 소유가 되겠고 너희가 내게 대하여 제사장 나라가 되며 거룩한 백성이 되리라.(출 19:5~6)

403. 너희는 내 법도를 따르며 내 규례를 지켜 그대로 행하라 나는 너희의 하나님 여호와이니라. 너희는 내 규례와 법도를 지키라 사람이 이를 행하면 그로 말미암아 살리라 나는 여호와이니라.(레 18:4~5)

404. 여호와는 네게 복을 주시고 너를 지키시기를 원하며 여호와는 그의 얼굴을 네게 비추사 은혜 베푸시기를 원하며 여호와는 그의 얼굴을 네게로 향하여 드사 평강 주시기를 원하노라.(민 6:24~26)

405. 네 하나님 여호와는 자비하신 하나님이심이라 그가 너를 버리지 아니하시며 너를 멸하지 아니하시며 네 조상들에게 맹세하신 언약을

잊지 아니하시리라.(신 4:31)

406. 오늘 내가 네게 명령하는 여호와의 규례와 명령을 지키라 너와 네 후손이 복을 받아 네 하나님 여호와께서 네게 주시는 땅에서 한 없이 오래 살리라.(신4:40)

407. 이스라엘아 들으라. 우리 하나님 여호와는 오직 유일한 여호와시니 너는 마음을 다하고 뜻을 다하고 힘을 다하여 네 하나님 여호와를 사랑하라 오늘 내가 네게 명하는 이 말씀을 너는 마음에 새기고 네 자녀에게 부지런히 가르치며 집에 앉았을 때에든지 길을 갈 때에든지 누워 있을 때에든지 일어날 때에든지 이 말씀을 강론할 것이며 너는 또 그것을 네 손목에 메어 기호를 삼으며 네 미간에 붙여 표로 삼고 또 네 집 문설주와 바깥문에 기록할지니라.(신 6:4~7)

408. 너는 여호와 네 하나님의 성민이라 네 하나님 여호와께서 지상 만민 중에서 너를 자기 기업의 백성으로 택하셨나니(신 7:6)

409. 여호와께서 너를 대적하기 위해 일어난 적군들을 네 앞에서 패하게 하시리라 그들이 한 길로 너를 치러 들어왔으나 네 앞에서 일곱 길로 도망하리라.(신 28:7)

410. 여호와께서 너를 위하여 하늘의 아름다운 보고를 여시사 네 땅에 때를 따라 비를 내리시고 네 손으로 하는 모든 일에 복을 주시리니 네가 많은 민족에게 꾸어줄지라도 너는 꾸지 아니할 것이요, 여호와께서 너를 머리가 되고 꼬리가 되지 않게 하시며 위에만 있고 아래에 있지 않게 하시리니 오직 너는 내가 오늘 네게 명령하는 네 하나님 여호와의 명령을 듣고 지켜 행하며 내가 오늘 너희에게 명령하는 그 말씀을 떠나 좌로나 우로나 치우치지 아니하고 다른 신을 따라 섬기지 아니하면 이와 같으리라.(신 28:12~14)

411. 너희는 강하고 담대하라, 두려워하지 말라, 그들 앞에서 떨지 말

라 이는 네 하나님 여호와 그가 너와 함께 가시며 결코 너를 떠나지 아니하시며 버리지 아니하실 것임이라.(신 31:6)

412. 내 교훈은 비처럼 내리고 내 말은 이슬처럼 맺히나니 연한 풀 위의 가는 비 같고 채소 위의 단비 같도다.(신 32:2)

413. 네 평생에 너를 능히 대적할 자가 없으리니 내가 모세와 함께 있었던 것 같이 너와 함께 있을 것임이니라 내가 너를 떠나지 아니하며 버리지 아니하리니.(수 1:5)

414. 여호와는 죽이기도 하시고 살리기도 하시며 스올에 내리게도 하시고 거기에서 올리기도 하시는 도다 여호와는 가난하게도 하시고 부하게도 하시며 낮추기도 하시고 높이기도 하시는도다.(삼상 2:6~7)

415. 사람이 사람에게 범죄하면 하나님이 심판하시려니와 만일 사람이 여호와께 범죄하면 누가 그를 위하여 간구하겠느냐.(삼상 2:25)

416. 나 여호와가 말하노니 결단코 그렇게 하지 아니하리라 나를 존중히 여기는 자를 내가 존중히 여기고 나를 멸시하는 자를 내가 경멸하리라.(삼상 2:30)

417. 여호와께서는 너희를 자기 백성으로 삼으신 것을 기뻐하셨으므로 여호와께서는 그의 크신 이름을 위해서라도 자기 백성을 버리지 아니하실 것이요.(삼상 12:22)

418. 나는 너희를 위하여 기도하기를 쉬는 죄를 여호와 앞에 결단코 범하지 아니하고 선하고 의로운 길을 너희에게 가르칠 것인즉 너희는 여호와께서 너희를 위하여 행하신 그 큰일을 생각하여 오직 그를 경외하며 너희의 마음을 다하여 진실히 섬기라.(삼상 12:23~24)

419. 사무엘이 이르되 여호와께서 번제와 다른 제사를 그의 목소리를 청종하는 것을 좋아하심 같이 좋아하시겠나이까. 순종이 제사보다 낫고 듣는 것이 숫양의 기름보다 나으니(삼상 15:22)

420. 사람은 외모를 보거니와 나 여호와는 중심을 보느니라(삼상 16:7)

421. 여호와의 구원하심이 칼과 창에 있지 아니함을 이 무리에게 알게 하리라 전쟁은 여호와께 속한 것인즉 그가 너희를 우리 손에 넘기시리라.(삼상 17:47)

422. 네가 가는 모든 곳에서 내가 너와 함께 있어 네 모든 원수를 네 앞에서 멸하였은즉 땅에서 위대한 자들의 이름 같이 네 이름을 위대하게 만들어 주리라.(삼하 7:9)

423. 하나님의 도는 완전하고 여호와의 말씀은 진실하니 그는 자기에게 피하는 모든 자에게 방패시로다.(삼하 22:31)

424. 주께서 또 주의 구원의 방패를 내게 주시며 주의 온유함이 나를 크게 하셨나이다. 내 걸음을 넓게 하셨고 내 발이 미끄러지지 아니하게 하셨나이다.(삼하 22:36~37)

425. 그런즉 너희는 여호와를 두려워하는 마음으로 삼가 행하라 우리의 하나님 여호와께서는 불의함도 없으시고 치우침도 없으시고 뇌물을 받는 일도 없으시니라.(대하 19:7)

426. 하나님은 아프게도 하시다가 싸매시며 상하게 하시다가 그의 손으로 고치시나니(욥 5:18)

427. 너는 하나님과 화목하고 평안하라. 그리하면 복이 네게 임하리라.(욥 22:21)

428. 네가 무엇을 결정하면 이루어질 것이요, 네 길에 빛이 비치리라.(욥 22:28)

429. 악인들은 그렇지 아니함이여 오직 바람에 나는 겨와 같도다. 그러므로 악인들은 심판을 견디지 못하며 죄인들이 의인들의 모임에 들지 못하리로다. 무릇 의인들의 길은 여호와께서 인정하시나 악인들의 길은 망하리로다.(시 1:4~6)

430. 내가 누워 자고 깨었으니 여호와께서 나를 붙드심이로다. 천만인이 나를 에워싸 진 친다 하여도 나는 두려워하지 아니하리이다.(시 3:5~6)

431. 내 의의 하나님이여 내가 부를 때에 응답하소서, 곤란 중에 나를 너그럽게 하셨사오니 내게 은혜를 베푸사 나의 기도를 들으소서(시 4:1)

432. 내가 평안히 눕고 자기도 하리니 나를 안전히 살게 하시는 이는 오직 여호와시니이다.(시 4:8)

433. 그러나 주께 피하는 모든 사람은 다 기뻐하며 주의 보호로 말미암아 영원히 기뻐 외치고 주의 이름을 사랑하는 자들은 주를 즐거워 하리이다.(시 5:11)

434. 나의 방패는 마음이 정직한 자를 구원하시는 하나님께 있도다.(시 7:10)

435. 여호와의 말씀은 순결함이여 흙 도가니에 일곱 번 단련한 은 같도다.(시 12:6)

436. 내가 여호와를 항상 내 앞에 모심이여 그가 나의 오른쪽에 계시므로 내가 흔들리지 아니하리로다.(시 16:8)

437. 주께서 생명의 길을 내게 보이시리니 주의 앞에는 충만한 기쁨이 있고 주의 오른쪽에는 영원한 즐거움이 있나이다.(시 16:11)

438. 나를 눈동자 같이 지키시고 주의 날개 그늘 아래에 감추사 내 앞에서 나를 압제하는 악인들과 나의 목숨을 노리는 원수들에게서 벗어나게 하소서(시 17:8~9)

439. 내가 환난 중에서 여호와께 아뢰며 나의 하나님께 부르짖었더니 그가 그의 성전에서 내 소리를 들으심이여 그의 앞에서 나의 부르짖음이 그의 귀에 들렸도다.(시 18:6)

440. 하나님의 도는 완전하고 여호와의 말씀은 순수하니 그는 자기에게 피하는 모든 자의 방패시로다.(시18:30)

441. 여호와의 율법은 완전하여 영혼을 소성시키며 여호와의 증거는 확실하여 우둔한 자를 지혜롭게 하며 여호와의 교훈은 정직하여 마음을 기쁘게 하고 여호와의 계명은 순결하여 눈을 밝게 하시도다.(시19:7~8)

442. 나의 반석이시오, 나의 구속자이신 여호와여 내 입의 말과 마음의 묵상이 주님 앞에 열납되기를 원하나이다.(시 19:14)

443. 겸손한 자는 먹고 배부를 것이며 여호와를 찾는 자는 그를 찬송할

것이라 너희 마음은 영원히 살지어다.(시 22:26)

444. 주의 진리로 나를 지도하시고 교훈하소서. 주는 내 구원의 하나님이시니 내가 종일 주를 기다리나이다.(시 25:5)

445. 여호와께서 환난 날에 나를 그의 초막 속에 비밀히 지키시고 그의 장막 은밀한 곳에 나를 숨기시며 높은 바위 위에 두시리로다.(시 27:5)

446. 여호와는 나의 힘과 나의 방패이시니 내 마음이 그를 의지하여 도움을 얻었도다. 그러므로 내 마음이 크게 기뻐하며 내 노래로 그를 찬송하리로(시 28:7)

447. 여호와께서 자기 백성에게 힘을 주심이여 여호와께서 자기 백성에게 평강의 복을 주시리로다.(시 29:11)

448. 내가 주의 인자하심을 기뻐하며 즐거워할 것은 주께서 나의 고난을 보시고 환난 중에 있는 내 영혼을 아셨으며 나를 원수의 수중에 가두지 아니하셨고 내 발을 넓은 곳에 세우셨음이니이다.(시 31:7~8)

449. 주는 나의 은신처이오니 환난에서 나를 보호하시고 구원의 노래로 나를 두르시리이다.(시 32:7)

450. 너희는 여호와의 선하심을 맛보아 알지어다. 그에게 피하는 자는 복이 있도다. 너희 성도들아 여호와를 경외하라 그를 경외하는 자에게는 부족함이 없도다.(시 34:8~9)

451. 여호와께서 사람의 걸음을 정하시고 그의 길을 기뻐하시나니 그는 넘어지나 아주 엎드러지지 아니함은 여호와께서 그의 손으로 붙드심이로다.(시 37:23~24)

452. 하나님이여 사슴이 시냇물을 찾기에 갈급함 같이 내 영혼이 주를 찾기에 갈급하니이다.(시 42:1)

453. 낮에는 여호와께서 그의 인자하심을 베푸시고 밤에는 그의 찬송이 내게 있어 생명의 하나님께 기도하리로다.(시 42:8)

454. 내 영혼아 네가 어찌하여 낙심하며 어찌하여 내 속에서 불안해 하

는가 너는 하나님께 소망을 두라 그가 나타나 도우심으로 말미암아 내 하나님을 여전히 찬송하리로다.(시 43:5)

455. 하나님은 우리의 피난처시요 힘이시니 환난 중에 만날 큰 도움이시라.(시 46:1)

456. 하나님은 나를 돕는 이시며 주께서는 내 생명을 붙들어 주시는 이시니이다.(시 54:4)

457. 나의 힘이시여 내가 주께 찬송하오리니 하나님은 나의 요새이시며 나를 긍휼히 여기시는 하나님이심이니이다.(시 59:17)

458. 나의 영혼이 잠잠히 하나님만 바람이여 나의 구원이 그에게서 나오는도다. 오직 그만이 나의 반석이시요 나의 구원이시오, 나의 요새이시니 내가 크게 흔들리지 아니하리로다.(시 62:1~2)

459. 하늘에서는 주 외에 누가 내게 있으리요, 땅에서는 주 밖에 내가 사모할 이 없나이다.(시 73:25)

460. 주의 궁정에서의 한 날이 다른 곳에서의 천 날보다 나은즉 악인의 장막에 사는 것보다 내 하나님의 성전 문지기로 있는 것이 좋사오니.(시 84:10)

461. 여호와 하나님은 해요 방패이시라 여호와께서 은혜와 영화를 주시며 정직하게 행하는 자에게 좋은 것을 아끼지 아니하실 것 임이니이다. 만군의 여호와여 주께 의지하는 자는 복이 있나이다.(시 84:11~12)

462. 우리의 연수가 칠십이요 강건하면 팔십이라도 그 연수의 자랑은 수고와 슬픔뿐이요, 신속히 가니 우리가 날아가나이다.(시 90:10)

463. 의인을 위하여 빛을 뿌리고 마음이 정직한 자를 위하여 기쁨을 뿌리시는도다.(시 97:11)

464. 온 땅이여 여호와께 즐거운 찬송을 부를지어다. 기쁨으로 여호와를 섬기며 노래하면서 그의 앞에 나아갈지어다. 여호와가 우리 하나님이신 줄 너희는 알지어다. 그는 우리를 지으신이요, 우리는 그의

것이니 그의 백성이요 그의 기르시는 양이로다 감사함으로 그의 문에 들어가며 찬송함으로 그의 궁정에 들어가서 그에게 감사하며 그의 이름을 송축할지어다. 여호와는 선하시니 그의 인자하심이 영원하고 그의 성실하심이 대대에 이르리로다.(시 100:1~5)

465. 내 영혼아 여호와를 송축하라 내 속에 있는 것들아 다 그의 거룩한 이름을 송축하라 내 영혼아 여호와를 송축하며 그의 모든 은택을 잊지 말지어다 그가 네 모든 죄악을 사하시며 네 모든 병을 고치시며 네 생명을 파멸에서 속량하시고 인자와 긍휼로 관을 씌우시며 좋은 것으로 네 소원을 만족하게 하사 네 청춘을 독수리같이 새롭게 하시는도다.(시 103:1~5)

466. 여호와께서 공의로운 일을 행하시며 억압 당하는 모든 자를 위하여 심판하시는도다. 그의 행위를 모세에게 그의 행사를 이스라엘 자손에게 알리셨도다 여호와는 긍휼이 많으시고 은혜로우시며 노하기를 더디 하시고 인자하심이 풍부하시도다.(시 103:6~8)

467. 인생은 그 날이 풀과 같으며 그 영화가 들의 꽃과 같도다.(시 103:15)

468. 이에 그들이 그들의 고통 때문에 여호와께 부르짖으매 그가 그들의 고통에서 그들을 구원하시되 그가 그의 말씀을 보내어 그들을 고치시고 위험한 지경에서 건지시는도다.(시 107:19~20)

469. 여호와를 경외함이 지혜의 근본이라 그의 계명을 지키는 자는 다 훌륭한 지각을 가진 자이니 여호와를 찬양함이 영원히 계속되리로다.(시 111:10)

470. 너희 모든 나라들아 여호와를 찬양하며 너희 모든 백성들아 그를 찬송할지어다. 우리에게 향하신 여호와의 인자하심이 크시고 여호와의 진실하심이 영원함이로다. 할렐루야(시 117:1~2)

471. 주는 나의 하나님이시라 내가 주께 감사하리이다 주는 나의 하나님이시라 내가 주를 높이리이다. 여호와께 감사하라 그는 선하시며

그의 인자하심이 영원함이로다.(시 118:28~29)

472. 행위가 온전하여 여호와의 율법을 따라 행하는 자들은 복이 있음이여 여호와의 증거들을 지키고 전심으로 여호와를 구하는 자는 복이 있도다.(시 119:1~2)

473. 내가 주께 범죄하지 아니하려 하여 주의 말씀을 내 마음에 두었나이다.(시 119:11)

474. 주의 말씀의 맛이 내게 어찌 그리 단지요, 내 입에 꿀보다 더 다니이다 주의 법도들로 말미암아 내가 명철하게 되었으므로 모든 거짓 행위를 미워하나이다.(시 119:103~104)

475. 내가 산을 향하여 눈을 들리라 나의 도움이 어디서 올까 나의 도움은 천지를 지으신 여호와에게서로다. 여호와께서 너를 실족하지 아니하게 하시며 너를 지키시는 이가 졸지 아니하시리로다. 이스라엘을 지키시는 이는 졸지도 아니하시고 주무시지도 아니 하시리로다. 여호와는 너를 지키시는 이시라 여호와께서 네 오른쪽에서 네 그늘이 되시나니 낮의 해가 너를 상하게 하지 아니하며 밤의 달도 너를 해치지 아니하리로다.(시 121:1~6)

476. 눈물을 흘리며 씨를 뿌리는 자는 기쁨으로 거두리로다. 울며 씨를 뿌리러 나가는 자는 반드시 기쁨으로 그 곡식 단을 가지고 돌아오리로다.(시126:5~6)

477. 여호와를 경외하며 그의 길을 걷는 자마다 복이 있도다. 네가 네 손이 수고한 대로 먹을 것이라 네가 복되고 형통하리로다.(시 128:1~2)

478. 내가 주의 영을 떠나 어디로 가며 주의 앞에서 어디로 피하리이까. 내가 하늘에 올라갈지라도 거기 계시며 스올에 내 자리를 펼지라도 거기 계시니이다.(시 139:7~8)

479. 여호와여 내 입에 파수꾼을 세우시고 내 입술의 문을 지키소서.(시 141:3)

480. 여호와여 주의 이름을 위하여 나를 살리시고 주의 의로 내 영혼을

환난에서 끌어내소서.(시 143:11)

481. 여호와께서는 자기에게 간구하는 모든 자 곧 진실하게 간구하는 모든 자에게 가까이 하시는도다. 그는 자기를 경외하는 자들의 소원을 이루시며 또 그들의 부르짖음을 들으사 구원하시리로다.(시 145:18~19)

482. 할렐루야 그의 성소에서 하나님을 찬양하며 그의 권능의 궁창에서 그를 찬양할지어다. 그의 능하신 행동을 찬양하며 그의 지극히 위대하심을 따라 찬양할지어다. 나팔소리로 찬양하며 비파와 수금으로 찬양할지어다. 소고 치며 춤 추어 찬양하며 현악과 통소로 찬양할지어다. 큰 소리 나는 제금으로 찬양하며 높은 소리 나는 제금으로 찬양할지어다. 호흡이 있는 자마다 여호와를 찬양할지어다. 할렐루야(시 150:1~6)

483. 인자와 진리가 네게서 떠나지 말게 하고 그것을 네 목에 매며 네 마음판에 새기라 그리하면 네가 하나님과 사람 앞에서 은총과 귀중히 여김을 받으리라.(잠 3:3~4)

484. 네 재물과 네 소산물의 처음 익은 열매로 여호와를 공경하라 그리하면 네 창고가 가득히 차고 네 포도즙 틀에 새 포도즙이 넘치리라.(잠 3:9~10)

485. 지혜를 버리지 말라 그가 너를 보호하리라 그를 사랑하라 그가 너를 지키리라.(잠 4:6)

486. 미움은 다툼을 일으켜도 사랑은 모든 허물을 가리느니라.(잠 10:12)

487. 말이 많으면 허물을 면하기 어려우나 그 입술을 제어하는 자는 지혜가 있느니라.(잠 10:19)

488. 여호와를 경외하는 자에게는 견고한 의뢰가 있나니 그 자녀들에게 피난처가 있으리라 여호와를 경외하는 것은 생명의 샘이니 사망의 그물에서 벗어나게 하느니라.(잠 14:26~27)

489. 유순한 대답은 분노를 쉬게 하여도 과격한 말은 노를 격동하느니라.(잠 15:1)

490. 노하기를 더디 하는 자는 용사보다 낫고 자기의 마음을 다스리는

자는 성을 빼앗는 자보다 나으니라.(잠 16:32)

491. 제비는 사람이 뽑으나 모든 일을 작정하기는 여호와께 있느니라.(잠 16:33)
492. 말을 아끼는 자는 지식이 있고 성품이 냉철한 자는 명철하니라.(잠 17:27)
493. 남의 말하기를 좋아하는 자의 말은 별식과 같아서 뱃속 깊은 데로 내려가느니라.(잠 18:8, 잠 26:22)
494. 사람의 마음의 교만은 멸망의 선봉이요 겸손은 존귀의 길잡이니라(잠 18:12)
495. 죽고 사는 것이 혀의 힘에 달렸나니 혀를 쓰기 좋아하는 자는 혀의 열매를 먹으리라.(잠 18:21)
496. 입과 혀를 지키는 자는 자기의 영혼을 환난에서 보전하느니라.(잠 21:23)
497. 겸손과 여호와를 경외함의 보상은 재물과 영광과 생명이니라.(잠 22:4)
498. 대저 의인은 일곱 번 넘어질지라도 다시 일어나려니와 악인은 재앙으로 말미암아 엎드러지느니라.(잠24:16)
499. 철이 철을 날카롭게 하는 것 같이 사람이 그의 친구의 얼굴을 빛나게 하느니라.(잠 27:17)
500. 곧 헛된 것과 거짓말을 내게서 멀리 하옵시며 나를 가난하게도 마옵시고 부하게도 마옵시고 오직 필요한 양식으로 나를 먹이시옵소서.(잠 30:8)
501. 그 후에 내가 생각해 본즉 내 손으로 한 모든 일과 내가 수고한 모든 것이 다 헛되어 바람을 잡는 것이며 해 아래에서 무익한 것이로다.(전 2:11)
502. 인생들의 혼은 위로 올라가고 짐승의 혼은 아래 곧 땅으로 내려가는 줄을 누가 알랴(전 3:21)
503. 두 사람이 한 사람보다 나음은 그들이 수고함으로 좋은 상을 얻을 것임이라 혹시 그들이 넘어지면 하나가 그 동무를 붙들어 일으키려니와 홀로 있어 넘어지고 붙들어 일으킬 자가 없는 자에게는 화가 있으리라(전 4:9~10)
504. 또 두 사람이 함께 누우면 따뜻하거니와 한 사람이면 어찌 따뜻하랴 한 사람이면 패하겠거니와 두 사람이면 맞설 수 있나니 세겹 줄

은 쉽게 끊어지지 아니하느니라.(전 4:11~12)

505. 그가 모태에서 벌거벗고 나왔은즉 그가 나온 대로 돌아가고 수고하여 얻은 것을 아무것도 자기 손에 가지고 가지 못하리니.(전 5:15)

506. 초상집에 가는 것이 잔칫집에 가는 것보다 나으니 모든 사람의 끝이 이와 같이 됨이라 산 자는 이것을 그의 마음에 둘지어다.(전 7:2)

507. 일의 끝이 시작보다 낫고 참는 마음이 교만한 마음보다 나으니.(전 7:8)

508. 모든 산 자들 중에 들어있는 자에게는 누구나 소망이 있음은 산 개가 죽은 사자보다 낫기 때문이니라.(전 9:4)

509. 지혜자의 입의 말들은 은혜로우나 우매자의 입술들은 자기를 삼키나니.(전 10:12)

510. 일의 결국을 다 들었으니 하나님을 경외하고 그의 명령들을 지킬지어다. 이것이 모든 사람의 본분이니라.(전 12:13)

511. 여호와께서 말씀하시되 오라 우리가 서로 변론하자 너희의 죄가 주홍 같을지라도 눈과 같이 희어질 것이요 진홍같이 붉을지라도 양털같이 희게 되리라.(사 1:18)

512. 이는 한 아기가 우리에게 났고 한 아들을 우리에게 주신 바 되었는데 그의 어깨에는 정사를 메었고 그의 이름은 기묘자라, 모사라, 전능하신 하나님이라, 영존하시는 아버지라, 평강의 왕이라 할 것임이라.(사 9:6)

513. 이새의 줄기에서 한 싹이 나며 그 뿌리에서 한 가지가 나서 결실할 것이요, 그의 위에 여호와의 영 곧 지혜와 총명의 영이요, 모략과 재능의 영이요, 지식과 여호와를 경외하는 영이 강림하시리니.(사 11:1~2)

514. 대저 여호와는 우리 재판장이시오, 여호와는 우리에게 율법을 세우신 이요, 여호와는 우리의 왕이시니 그가 우리를 구원하실 것임이라.(사 33:22)

515. 겁내는 자들에게 이르기를 굳세어라, 두려워하지 말라, 보라 너희 하나님이 오사 보복하시며 갚아 주실 것이라. 하나님이 오사 너희를

구하시리라.(사 35:4)

516. 풀은 마르고 꽃은 시드나 우리 하나님의 말씀은 영원히 서리라 하라.(사 40:8)

517. 네가 물 가운데로 지날 때에 내가 너와 함께 할 것이라 강을 건널 때에 물이 너를 침몰하지 못할 것이며 네가 불 가운데로 지날 때에 타지도 아니할 것이요, 불꽃이 너를 사르지도 못하리니.(사 43:2)

518. 우리는 다 양 같아서 그릇 행하여 각기 제 길로 갔거늘 여호와께서는 우리 모두의 죄악을 그에게 담당시키셨도다.(사 53:6)

519. 이는 내 생각이 너희의 생각과 다르며 내 길은 너희의 길과 다름이니라 여호와의 말씀이니라 이는 하늘이 땅보다 높음같이 내 길은 너희의 길보다 높으며 내 생각은 너희의 생각보다 높음이니라.(사 55:8~9)

520. 일어나라 빛을 발하라 이는 네 빛이 이르렀고 여호와의 영광이 네 위에 임하였음이니라.(사 60:1)

521. 내가 여호와로 말미암아 크게 기뻐하며 내 영혼이 나의 하나님으로 말미암아 즐거워하리니 이는 그가 구원의 옷을 내게 입히시며 공의의 겉옷을 내게 더하심이 신랑이 사모를 쓰며 신부가 자기 보석으로 단장함 같게 하셨음이라.(사 61:10)

522. 그러나 여호와여, 이제 주는 우리 아버지시니이다. 우리는 진흙이요 주는 토기장이시니 우리는 다 주의 손으로 지으신 것이니이다.(사 64:8)

523. 네 악이 너를 징계하겠고 네 반역이 너를 책망할 것이라 그런즉 네 하나님 여호와를 버림과 네 속에 나를 경외함이 없는 것이 악이요 고통인 줄 알라 주 만군의 여호와의 말씀이니라.(렘 2:19)

524. 너희는 내 목소리를 들으라. 그리하면 나는 너희 하나님이 되겠고 너희는 내 백성이 되리라 너희는 내가 명령한 모든 길로 걸어가라 그리하면 복을 받으리라.(렘 7:23)

525. 내가 너를 악한 자의 손에서 건지며 무서운 자의 손에서 구원하리라.(렘 15:21)

526. 너는 어찌하여 네 상처 때문에 부르짖느냐 네 고통이 심하도다 네 악행이 많고 네 죄가 허다하므로 내가 이 일을 너에게 행하였느니라.(렘 30:15)

527. 만일 악인이 그 행한 악을 떠나 정의와 공의를 행하면 그 영혼을 보전하리라.(겔 18:27)

528. 내 영을 너희 속에 두어 너희로 내 율례를 행하게 하리니 너희가 내 규례를 지켜 행할지라.(겔 36:27)

529. 그는 깊고 은밀한 일을 나타내시고 어두운 데에 있는 것을 아시며 또 빛이 그와 함께 있도다.(단 2:22)

530. 지혜 있는 자는 궁창의 빛과 같이 빛날 것이요 많은 사람을 옳은 데로 돌아오게 한 자는 별과 같이 영원토록 빛나리라.(단 12:3)

531. 오라 우리가 여호와께로 돌아가자 여호와께서 우리를 찢으셨으나 도로 낫게 하실 것이요 우리를 치셨으나 싸매어 주실 것임이라.(호 6:1)

532. 그러므로 우리가 여호와를 알자 힘써 여호와를 알자 그의 나타나심은 새벽 빛같이 어김없나니 비와 같이, 땅을 적시는 늦은 비와 같이 우리에게 임하시리라 하니라.(호 6:3)

533. 누가 지혜가 있어 이런 일을 깨달으며 누가 총명이 있어 이런 일을 알겠느냐 여호와의 도는 정직하니 의인은 그 길로 다니거니와 그러나 죄인은 그 길에 걸려 넘어지리라.(호 14:9)

534. 오직 정의를 물 같이, 공의를 마르지 않는 강 같이 흐르게 할지어다.(암 5:24)

535. 주 여호와의 말씀이니라. 보라 날이 이를지라. 내가 기근을 땅에 보내리니 양식이 없어 주림이 아니며 물이 없어 갈함이 아니요, 여호와의 말씀을 듣지 못한 기갈이라.(암 8:11)

536. 보라 그의 마음은 교만하며 그 속에서 정직하지 못하나 의인은 그의 믿음으로 말미암아 살리라.(합 2:4)

537. 비록 무화과나무가 무성하지 못하며 포도나무에 열매가 없으며 감람나무에 소출이 없으며 밭에 먹을 것이 없으며 우리에 양이 없으며 외양간에 소가 없을지라도 나는 여호와로 말미암아 즐거워하며 나의 구원의 하나님으로 말미암아 기뻐하리로다.(합 3:17~18)

538. 주 여호와는 나의 힘이시라 나의 발을 사슴과 같게 하사 나를 나의 높은 곳으로 다니게 하시리로다.(합 3:19)

539. 만군의 여호와께서 말씀하시되 이는 힘으로 되지 아니하며 능력으로 되지 아니하고 오직 나의 영으로 되느니라.(슥 4:6)

540. 만군의 여호와가 이르노라 해 뜨는 곳에서부터 해 지는 곳까지의 이방 민족 중에서 내 이름이 크게 될 것이라.(말 1:11)

541. 우리가 다 하나님의 아들을 믿는 것과 아는 일에 하나가 되어 온전한 사람을 이루어 그리스도의 장성한 분량이 충만한 데까지 이르리니.(엡 4:13)

542. 너는 진리의 말씀을 옳게 분별하며 부끄러울 것이 없는 일꾼으로 인정된 자로 자신을 하나님 앞에 드리기를 힘쓰라.(딤후 2:15)

543. 그러므로 누구든지 이런 것에서 자기를 깨끗하게 하면 귀히 쓰는 그릇이 되어 거룩하고 주인의 쓰심에 합당하며 모든 선한 일에 준비함이 되리라.(딤후 2:21)

544. 내게 주신 모든 은혜를 내가 여호와께 무엇으로 보답할까. (시 116:12)

545. 여호와의 영 곧 지혜와 총명의 영이요 모략과 재능의 영이요, 지식과 여호와를 경외하는 영이 강림하시리니.(사 11:2)

546. 하나님께서 지으신 모든 것이 선하매 감사함으로 받으면 버릴 것이 없나니 하나님의 말씀과 기도로 거룩하여짐이라 (딤전 4:4~5)

3. 말씀을 분야별로 분류
(숫자는 앞쪽에 수록한 말씀의 순번임)

《겸손》

누구든지 자기를 높이는 자는 낮아지고	36
하나님이 교만한 자를 물리치시고 겸손한 자에게	55
교만은 패망의 선봉이요 거만한 마음은 넘어짐	89
다툼이나 허영으로 하지 말고 오직 겸손한	155
나는 마음이 온유하고 겸손하니 나의 멍에를	159
제자들에게 이르시되 누구든지 나를 따라	172
인자가 온 것은 섬김을 받으려 함이 아니라	175
하나님의 능하신 손아래에서 겸손하라	184
으뜸이 되고자 하는 자는 모든 사람의 종이	266
서로 마음을 같이하며 높은 데 마음을 두지	327
너희 안에 이 마음을 품으라 곧 그리스도	355

아무도 비방하지 말며 다투지 말며 관용하며	375
겸손한 자는 먹고 배부를 것이며 여호와를	443
사람의 마음의 교만은 멸망의 선봉이요	494
겸손과 여호와를 경외함의 보상은 재물과	497

《구원》

내가 온 것은 양으로 생명을 얻게 하고 더	39
모든 사람과 더불어 화평함과 거룩함을	47
사람이 마음으로 믿어 의에 이르고 입으로	65
십자가의 도가 멸망하는 자들에게는 미련한	66
그리스도 예수의 사람들은 육체와 함께	72
다른 이로써는 구원을 받을 수 없나니 천하	77
누구든지 그리스도 안에 있으면 새로운	98
하나님은 모든 행위와 모든 은밀한 일을	109
사람이 마음으로 자기의 길을 계획할지라도	111
하나님이 세상을 이처럼 사랑하사 독생자	112
영접하는 자 곧 그 이름을 믿는 자들에게는	119
내가 문 밖에 서서 두드리노니 누구든지	120
증거는 이것이니 하나님이 우리에게 영생을	127
이를 위하여 그리스도께서 죽었다가 다시	140
네 짐을 여호와께 맡기라 그가 너를 붙드	145
네 길을 여호와께 맡기라 그를 의지하면	153
사랑하는 자여 네 영혼이 잘됨 같이 네가	162
너희가 돌이켜 어린아이들과 같이 되지	174
아들을 낳으리니 이름을 예수라 하라	188

보라 처녀가 잉태하여 아들을 낳을 것이요	189
내 안에 거하라 나도 너희 안에 거하리라	191
이 하나님은 영원히 우리 하나님이시니	200
너희가 내 이름으로 말미암아 모든 사람	209
예수께서 이르시되 나는 부활이요 생명이니	213
주께서 내게 응답하시고 나의 구원이	219
내가 주는 물을 마시는 자는 영원히 목마르지	236
누구든지 자기 목숨을 구원하고자 하면 잃을	241
너의 하나님 여호와가 너의 가운데에 계시니	247
자기 십자가를 지고 나를 따르지 않는 자도	260
믿고 세례를 받는 사람은 구원을 얻을 것이요	270
내가 문이니 누구든지 나로 말미암아 들어가면	289
내가 그들에게 영생을 주노니 영원히 멸망하지	290
영생은 곧 유일하신 참 하나님과 그가 보내신 자	298
누구든지 주의 이름을 부르는 자는 구원을	302
네 입으로 예수를 주로 시인하며 또 하나님	325
하나님은 모든 사람이 구원을 받으며 진리를	369
주께서 생명의 길을 내게 보이시리니	420
주께서 생명의 길을 내게 보이시리니	437
하늘에서는 주 외에 누가 내게 있으리요	459
입과 혀를 지키는 자는 자기의 영혼을 환난	496
한 아기가 우리에게 났고 한 아들을 우리	512
여호와는 우리 재판장이시요 여호와는 우리	514
내가 여호와로 말미암아 크게 기뻐하며 내	521

《기도》

너는 내게 부르짖으라 내가 네게 응답하겠고	1
환난 날에 나를 부르라 내가 너를 건지리니	4
아무것도 염려하지 말고 다만 모든 일에 기도	6
내 이름으로 무엇이든지 내게 구하면 내가	20
내 이름으로 아버지께 무엇을 구하든지 다	21
여호와의 말씀이니라 너희를 향한 나의 생각	22
너희는 먼저 그의 나라와 그의 의를 구하라	23
무엇이든지 기도하고 구하는 것은 받은 줄로	24
나를 사랑하는 자들이 나의 사랑을 입으며	25
너희 중의 두 사람이 땅에서 합심하여 무엇	26
구하라 그리하면 너희에게 주실 것이요 찾으사	38
내가 여호와를 기다리고 기다렸더니 귀를 기울	61
이 곤고한 자가 부르짖으매 여호와께서 들으시	62
오직 나는 여호와를 우러러보며 나를 구원하시	64
내 이름으로 일컫는 내 백성이 그들의 악한 길	70
여호와는 마음이 상한 자를 가까이 하시고 충심	79
너희가 내 안에 거하고 내 말이 너희 안에 거하면	84
항상 기뻐하라 쉬지 말고 기도하라. 범사에 감사	91
말의 응답은 여호와께로부터 나오느니라	99
그러므로 염려하여 이르기를 무엇을 먹을까	141
야베스가 이스라엘 하나님께 아뢰어 이르되	152
너희가 얻지 못함은 구하지 아니 하기 때문	166
그가 내게 간구하리니 내가 그에게 응답하리라	206
너희 중에 고난당하는 자가 있느냐 그는 기도	218

너희가 기도할 때에 무엇이든지 믿고 구하는 것	225
너희는 여호와를 만날 만한 때에 찾으라 가까이	244
너희가 악한 자라도 좋은 것으로 자식에게	255
하나님께서 그 밤낮 부르짖는 택하신 자들의	278
지금까지는 너희가 내 이름으로 아무것도	297
자기 아들을 아끼지 아니하시고 우리 모든 사람	322
나는 너희를 위하여 기도하기를 쉬는 죄를	418
내 의의 하나님이여 내가 부를 때에 응답하소서	431
내가 환난 중에서 여호와께 아뢰며 나의 하나님	439
내 입의 말과 마음의 묵상이 주님 앞에 열납	442
하나님이여 사슴이 시냇물을 찾기에 갈급함	452
그들이 그들의 고통 때문에 여호와께 부르짖	468
여호와께서는 자기에게 간구하는 모든 자	481
하나님의 말씀과 기도로 거룩하여짐	546

《말씀》

모든 성경은 하나님의 감동으로 된 것으로	42
하나님의 말씀은 살아있고 활력이 있어 좌우에	43
마땅히 행할 길을 아이에게 가르치라 그리하면	96
사람이 떡으로만 살 것이 아니요 하나님의 입	105
청년들아 내가 너희에게 쓴 것은 너희가 강하	133
청년이 무엇으로 그의 행실을 깨끗하게 하리	134
주의 법을 사랑하는 자에게는 큰 평안이 있으	135
이 율법책을 네 입에서 떠나지 말게 하며 주야	136
이 예언의 말씀을 읽는 자와 듣는 자와 그 가운	138

주의 말씀은 내 발의 등이요 내 길에 빛이니	158
누구든지 나의 이 말을 듣고 행하는 자	171
태초에 말씀이 계시니라 이 말씀이 하나님과	202
하나님 말씀을 받을 때에 사람의 말로 받지	205
내가 복음을 부끄러워하지 아니하노니 이 복음	214
네가 네 하나님 여호와의 말씀을 삼가 듣고	239
네가 네 하나님 여호와의 말씀을 청종하면	240
하나님은 사람이 아니시니 거짓말을 하지 않으	242
그의 말씀을 지키는 자는 하나님의 사랑이	250
말씀이 육신이 되어 우리 가운데 거하시매	279
진리를 알지니 진리가 너희를 자유롭게 하리라	287
하나님께 속한 자는 하나님의 말씀을 듣나니	288
그리스도의 말씀이 너희 속에 풍성히 거하여	363
너희가 거듭난 것은 썩어질 씨로 된 것이	383
만일 누가 말하려면 하나님의 말씀을 하는 것	386
인내가 여기 있나니 그들은 하나님의 계명과	393
그 자식과 권속에게 명하여 여호와의 도를	398
세계가 다 내게 속하였나니 너희가 내 말을	402
너희는 내 법도를 따르며 내 규례를 지켜	403
내가 네게 명령하는 여호와의 규례와 명령을	406
우리 하나님 여호와는 오직 유일한 여호와	407
내 교훈은 비처럼 내리고 내 말은 이슬처럼	412
하나님의 도는 완전하고 여호와의 말씀은 진실	423
여호와의 말씀은 순결함이여 흙 도가니에 일곱	435
하나님의 도는 완전하고 여호와의 말씀은 순수	440

여호와의 율법은 완전하여 영혼을 소성시키며	441
주의 진리로 나를 지도하시고 교훈하소서 주는	444
행위가 온전하여 여호와의 율법을 따라 행하는	472
내가 주께 범죄하지 아니하려 하여 주의 말씀을	473
주의 말씀의 맛이 내게 어찌 그리 단지요 내 입	474
인자와 진리가 네게서 떠나지 말게 하고 그것을	483
하나님을 경외하고 그의 명령들을 지킬지어다	510
풀은 마르고 꽃은 시드나 우리 하나님의 말씀은	516
너희는 내 목소리를 들으라 그리하면 나는 너희	524
여호와의 말씀을 듣지 못한 기갈이라	535
너는 진리의 말씀을 옳게 분별하며 부끄러울 것이	542
하나님의 말씀과 기도로 거룩하여짐	546

《믿음》

믿음이 없이는 하나님을 기쁘시게 하지 못하나니	15
너는 마음을 다하여 여호와를 신뢰하고 네 명철	16
우리가 선을 행하되 낙심하지 말지니 포기하지	18
너희 믿음의 확실함은 불로 연단하여도 없어질	28
너희는 믿음 안에 있는가 너희 자신을 시험	32
주께서 심지가 견고한 자를 평강하고 평강하	37
여호와께서 집을 세우지 아니하시면 세우는 자	40
할 수 있거든이 무슨 말이냐 믿는 자에게는	53
우리가 살아도 주를 위하여 살고 죽어도 주를	56
너희가 먹든지 마시든지 무엇을 하든지	57
믿음이 그의 행함과 함께 일하고 행함으로	58

너희 빛이 사람 앞에 비치게 하여 그들로	81
내 사랑하는 형제들아 견실하며 흔들리지	88
내가 그리스도와 함께 십자가에 못 박혔나니	90
믿음의 방패를 가지고 이로써 능히 악한 자의	93
행함이 없는 믿음은 그 자체가 죽은 것	95
믿음은 들음에서 나며 들음은 그리스도	122
너희는 그 은혜에 의하여 믿음으로 말미암아	126
하나님의 이름을 믿는 너희에게 영생이 있음	127
내 말을 듣고 또 나 보내신 이를 믿는 자는	128
그를 믿는 사람들이 다 그의 이름을 힘입어 죄	139
깨어 믿음에 굳게 서서 남자답게 강건하라	154
의심하고 먹는 자는 정죄되었나니 이는 믿음을	156
믿음은 바라는 것들의 실상이요 보이지 않는 것	165
믿음에 굳게 서서 감사함이 넘치게 하라	169
너희 믿음이 작은 까닭이니라 진실로 너희에게	173
자기 가족을 돌보지 아니하면 믿음을 배반한 자	249
너희로 예수께서 하나님의 아들 그리스도이심을	299
그 이름을 믿음으로 그 이름이 너희가 보고	304
복음에는 하나님의 의가 나타나서 믿음으로	310
사람이 의롭다 하심을 얻는 것은 율법의 행위	314
마땅히 생각할 그 이상의 생각을 품지 말고	326
소망의 하나님이 모든 기쁨과 평강을 믿음	332
다시 살아나신 일이 없으면 너희의 믿음도	341
주도 한 분이시요 믿음도 하나요 세례도 하나요	350
믿음으로 모든 세계가 하나님의 말씀으로 지어	377

영혼 없는 몸이 죽은 것 같이 행함이 없는   381
너희가 더욱 힘써 너희 믿음에 덕을, 덕에 지식   388
누구든지 예수를 하나님의 아들이라 시인하면   391
인내가 여기 있나니 그들은 예수에 대한 믿음을   393
의인은 그의 믿음으로 말미암아 살리라   536
우리가 다 하나님의 아들을 믿는 것과 아는 일   541

《빛》

빛의 열매는 모든 착함과 의로움과 진실함에   50
너희 빛이 사람 앞에 비치게 하여 너희 착한 행실 81
그가 빛 가운데 계신 것 같이 우리도 빛   118
네 의를 빛 같이 나타내시며 네 공의를 정오의 빛 153
너희는 세상의 빛이라 산 위에 있는 동네가   190
여호와는 나의 빛이요 나의 구원이시니 내가   229
나는 세상의 빛이니 나를 따르는 자는 어둠에   286
너희가 흠이 없고 순전하여 어그러지고 거스   356
무엇을 결정하면 이루어질 것이요 네 길에 빛   428
의인을 위하여 빛을 뿌리고 마음이 정직한 자를   463
사람이 그의 친구의 얼굴을 빛나게 하느니라   499
일어나라 빛을 발하라 이는 네 빛이 이르렀고   520
그는 깊고 은밀한 일을 나타내시고 어두운 데   529
지혜 있는 자는 궁창의 빛과 같이 빛날 것이요   530
그의 나타나심은 새벽빛같이 어김없나니 비   532

《사랑》

우리가 알거니와 하나님을 사랑하는 자 곧 그의	9
너희 빛이 사람 앞에 비치게 하여 그들로	81
너희 원수를 사랑하며 너희를 박해하는 자를	82
네 마음을 다하고 목숨을 다하고 뜻을 다하여	87
사랑은 오래 참고 사랑은 온유하며 시기하지	100
누구든지 하나님을 사랑하노라 하고 그 형제	148
자녀들아 우리가 말과 혀로만 사랑하지 말고	149
너희 모든 일을 사랑으로 행하라	154
누가 우리를 그리스도의 사랑에서 끊으리요	197
내가 사람의 방언과 천사의 말을 할지라도	203
새 계명을 너희에게 주노니 서로 사랑하라	227
허물을 덮어 주는 자는 사랑을 구하는 자요	243
피차 사랑의 빚 외에는 아무에게든지 아무	328
사랑은 언제까지나 떨어지지 아니하되 예언	340
너희도 각각 자기의 아내 사랑하기를 자신	353
만물의 마지막이 가까이 왔으니 그러므로 너희	384
경건을, 경건에 형제 우애를, 형제 우애에 사랑	388
사랑은 여기 있으니 우리가 하나님을 사랑한	390
미움은 다툼을 일으켜도 사랑은 모든 허물을	486

《선행》

너희 착한 행실을 보고 하늘에 계신 너희 아버지	81
오직 선을 행함과 서로 나누어주기를 잊지	108
그러므로 사람이 선을 행할 줄 알고도 행하지	195

선을 행하고 선한 사업을 많이 하고 나누어	204
우리 각 사람이 이웃을 기쁘게 하되 선을 이루	331
모든 것이 넉넉하여 모든 착한 일을 넘치게	349
우리를 속량하시고 우리를 깨끗하게 하사 선한	374
그러므로 누구든지 이런 것에서 자기를 깨끗하게	543

《성령》

오직 성령의 열매는 사랑과 희락과 화평과 오래	71
오직 성령이 너희에게 임하시면 너희가 권능을	86
어떤 사람에게는 성령으로 말미암아 지혜의 말씀	97
너희가 회개하여 죄 사함을 받으라 성령을 선물로	101
너희 몸은 너희 가운데 계신 성령의 전인 줄을	180
이는 너희가 드릴 영적 예배니라	121
술 취하지 말라 오직 성령으로 충만함을 받으라	143
하나님은 영이시니 예배하는 자가 영과 진리로	167
그러나 진리의 성령이 오시면 그가 너희를 모든	186
물과 성령으로 나지 아니하면 하나님의 나라	192
만일 너희 속에 하나님의 영이 거하시면 너희가	193
이와 같이 성령도 우리의 연약함을 도우시나니	194
육신의 생각은 사망 영의 생각은 생명과 평안	210
너희는 성령을 따라 행하라 그리하면 육체의 욕심	221
성령을 모독하는 것은 사하심을 얻지 못하겠고	261
주의 성령이 내게 임하셨으니 이는 가난한 자	271
살리는 것은 영이니 육은 무익하니라 내가 너희	285
그는 진리의 영이라 세상은 능히 그를 받지	293

홀연히 하늘로부터 급하고 강한 바람 같은 소리	301
온 양 떼를 위하여 삼가라 성령이 그들 가운데	308
그리스도 예수 안에 있는 생명의 성령의 법이	318
성령이 친히 우리의 영과 더불어 우리가 하나님	319
마음을 살피시는 이가 성령의 생각을 아시나니	320
내 말과 내 전도함이 설득력 있는 지혜의 말로	334
오직 하나님이 성령으로 이것을 우리에게	335
은사는 여러 가지나 성령은 같고 직분은 여러	338
하나님이 처음부터 너희를 택하사 성령의 거룩	367
내가 주의 영을 떠나 어디로 가며 주의 앞에서	478
이새의 줄기에서 한 싹이 나며 그 뿌리에서	513
내 영을 너희 속에 두어 너희로 내 율례를	528
능력으로 되지 아니하고 오직 나의 영으로	539

《의인》

사람이 마음으로 믿어 의에 이르고 입으로 시인	65
의인은 고난이 많으나 여호와께서 모든 고난을	79
그가 너를 붙드시고 의인의 요동함을 영원히	145
하나님의 은혜로 값없이 의롭다 하심을	222
의인은 없나니 하나도 없으며 깨닫는 자도	311
율법의 행위로 그의 앞에 의롭다 하심을	312
자기도 의로우시며 또한 예수 믿는 자를 의롭	313
사람이 의롭다 하심을 얻는 것은 율법의 행위	314
은혜도 또한 의로 말미암아 왕 노릇 하여 우리	316
부르신 그들을 또한 의롭다 하시고 의롭다 하신	321

의롭다 하신 이는 하나님이시니 누가 정죄	323
대저 의인은 일곱 번 넘어질지라도 다시	498
의인은 그의 믿음으로 말미암아 살리라	536

《재림》

모든 행위와 모든 은밀한 일을 선악 간에 심판	109
한 번 죽는 것은 사람에게 정해진 것이요 그 후	147
보라 내가 속히 오리니 내가 줄 상이 내게	164
인자가 구름을 타고 큰 권능과 영광으로 오는	268
내가 그니라 인자가 권능자의 우편에 앉은 것과	269
누구든지 나와 내 말을 부끄러워하면 인자도	274
내 살을 먹고 내 피를 마시는 자는 영생을	284
너희는 마음에 근심하지 말라 하나님을 믿으니	292
그가 와서 죄에 대하여 의에 대하여 심판에	295
내가 다시 너희를 보리니 너희 마음이 기쁠 것	296
갈릴리 사람들아 어찌하여 서서 하늘을	300
하나님이 주를 다시 살리셨고 또한 그의 권능	336
위의 것을 생각하고 땅의 것을 생각하지 말라	361
주께서 호령과 천사장의 소리와 하나님의 나팔	366
주의 날이 도둑 같이 오리니 그 날에는 하늘이	389
나는 알파와 오메가라 이제도 있고 전에도	392

《전도》

너희는 가서 모든 민족을 제지로 삼아 세례를	33
내가 곧 길이요 진리요 생명이니 나로 말미암아	54

너는 말씀을 전파하라 때를 얻든지 못 얻든지	69
영접하는 자 곧 그 이름을 믿는 자들에게는	119
내가 문 밖에 서서 두드리노니 누구든지	120
수고하고 무거운 짐 진 자들아 다 내게로 오라	131
좁은 문으로 들어가라 멸망으로 인도하는 문은	170
주 예수를 믿으라 그리하면 너와 네 집이 구원	217
너희는 온 천하에 다니며 만민에게 복음을 전파	223
내가 복음을 전할지라도 자랑할 것이 없음은	224
나를 따라오라 내가 너희를 사람을 낚는 어부가	251
다른 가까운 마을들로 가자 거기서도 전도하리	264
믿고 세례를 받는 사람은 구원을 얻을 것이요	270
주의 성령이 내게 임하셨으니 이는 가난한 자	271
건강한 자에게는 의사가 쓸 데 없고 병든 자	272
그를 믿는 자는 심판을 받지 아니하는 것이요	281
아들을 믿는 자에게는 영생이 있고 아들에게	282
나를 믿는 자는 영원히 목마르지 아니하리라	283
내가 문이니 누구든지 나로 말미암아 들어가면	289
너희는 마음에 근심하지 말라 하나님을 믿으니	292
누구든지 주의 이름을 부르는 자는 구원을 받으	302
그들이 날마다 성전에 있든지 집에 있든지 예수	305
여러분에게 복음을 전하는 것은 이런 헛된 일을	306
내가 달려갈 길과 주 예수께 받은 사명 곧	307
네 입으로 예수를 주로 시인하며 또 하나님	325
누구든지 주의 이름을 부르는 자는 구원을	326
내 말과 내 전도함이 설득력 있는 지혜의 말로	334

눈물을 흘리며 씨를 뿌리는 자는 기쁨으로 거두 476
내게 주신 모든 은혜를 내가 여호와께 무엇으로 544

《죄악》
너희가 사람의 잘못을 용서하지 아니하면 너희 41
그들의 죄를 사하고 그들의 땅을 고칠지라 70
너희가 각각 마음으로부터 형제를 용서하지 아니 74
너희 죄를 서로 고백하며 병이 낫기를 위하여 75
만일 우리가 우리 죄를 자백하면 그는 미쁘시고 76
너희가 회개하여 각각 예수 그리스도의 이름 101
욕심이 잉태한즉 죄를 낳고 죄가 장성한 즉 104
모든 사람이 죄를 범하였으매 하나님의 영광 116
사람에게서 나오는 그것이 사람을 더럽게 117
죄의 삯은 사망이요 하나님의 은사는 123
우리가 아직 죄인 되었을 때에 그리스도 124
그리스도께서 우리 죄를 위하여 죽으시고 125
그 아들 안에서 우리가 속량 곧 죄 사함을 129
그를 믿는 자들이 다 죄 사함을 받는다 하였으며 139
모든 무거운 것과 얽매이기 쉬운 죄를 벗어 196
그리스도께서 단번에 죄를 위하여 죽으사 208
너희 죄악이 너희와 너희 하나님 사이를 220
그리스도 예수 안에 있는 속량으로 말미암아 222
예수는 우리가 범죄한 것 때문에 내줌이 되 248
보라 세상 죄를 지고 가는 하나님의 어린 양 280
그러므로 한 사람으로 말미암아 죄가 세상 294

그가 와서 죄에 대하여 의에 대하여 심판	295
너희의 죄가 주홍 같을지라도 눈과 같이	301
한 사람으로 말미암아 죄가 세상에 들어오고	315
죄가 사망 안에서 왕 노릇한 것 같이 은혜도	316
그리스도 예수 안에 있는 자에게는 결코 정죄	318
먹고 마시는 자는 주의 몸과 피에 대하여 죄	337
사망이 쏘는 것은 죄요 죄의 권능은 율법이라	342
분을 내어도 죄를 짓지 말며 해가 지도록 분	351
서로 친절하게 하며 불쌍히 여기며 서로 용서	352
우리에게 있는 대제사장은 우리의 연약함을	376
사람이 사람에게 범죄하면 하나님이 심판하시	415
너희는 여호와를 두려워하는 마음으로 삼가	425
악인들은 그렇지 아니함이여 오직 바람에 나는	429
너희의 죄가 주홍 같을지라도 눈과 같이 희어질	511
우리는 다 양 같아서 그릇 행하여 각기 제 길로	518
네 악이 너를 징계하겠고 네 반역이 너를 책망	523
네 고통이 심하도다 네 악행이 많고 네 죄가	526
만일 악인이 그 행한 악을 떠나 정의와 공의를	527

《지혜》

너희 중에 누구든지 지혜가 부족하거든 모든	30
어떤 사람에게는 성령으로 말미암아 지혜의 말씀	97
그 집을 반석 위에 지은 지혜로운 사람 같으리니	171
여호와를 경외하는 것이 지식의 근본이거늘	181
대저 여호와는 지혜를 주시며 지식과 명철을	182

여호와를 경외하는 것이 지혜의 근본이요	183
지혜를 버리지 말라 그가 너를 보호하리라	356
하나님의 어리석음이 사람보다 지혜롭고	333
오직 위로부터 난 지혜는 첫째 성결하고	382
여호와를 경외함이 지혜의 근본이라 그의 계명	469
지혜를 버리지 말라 그가 너를 보호하리라 그를	485
그 입술을 제어하는 자는 지혜가 있느니라	487
말을 아끼는 자는 지식이 있고 성품이 냉철한	492
지혜자의 입의 말들은 은혜로우나 우매자의 입	509
지혜 있는 자는 궁창의 빛과 같이 빛날 것이요	530
누가 지혜가 있어 이런 일을 깨달으며 누가	533
여호와의 영 곧 지혜와 총명의 영이요 모략과	545

《찬양》

이 백성은 내가 나를 위하여 지었나니 나를 찬송	31
내가 모태에서 알몸으로 나왔사온즉 또한 알몸이	80
여호와는 나의 힘이요 노래시며 나의 구원	401
여호와는 나의 힘과 나의 방패이시니 내 마음이	446
환난에서 나를 보호하시고 구원의 노래로 나를	449
낮에는 여호와께서 그의 인자하심을 베푸시고	453
내 영혼아 네가 어찌하여 낙심하며 어찌하여	454
온 땅이여 여호와께 즐거운 찬송을 부를지어다	464
너희 모든 나라들아 여호와를 찬양하며 너희	470
그의 성소에서 하나님을 찬양하며 그의 권능의	482

《천국》

하나님의 나라는 먹는 것과 마시는 것이 아니요	46
나더러 주여 주여 하는 자마다 다 천국에 들어	73
너희는 유혹의 욕심을 따라 썩어져 가는 구습을	78
사람이 거듭나지 아니하면 하나님의 나라를	83
모든 눈물을 그 눈에서 닦아주시니 다시는	113
그 열두 문은 열두 진주니 각 문마다 한 개	114
심령이 가난한 자는 복이 있나니 천국이 그들의	150
의를 위하여 박해를 받은 자는 천국이 그들의 것	151
좁은 문으로 들어가라 멸망으로 인도하는 문은	170
내가 그니라 인자가 권능자의 우편에 앉은	269
다시 살리심을 받았으면 위의 것을 찾으라	360
하나님의 뜻은 이것이니 너희의 거룩함이라	365

《축복》

자녀들아 주 안에서 너희 부모에게 순종하라	92
복 있는 사람은 악인들의 꾀를 따르지 아니하며	137
만군의 여호와가 이르노라 너희의 온전한 십일조	144
긍휼히 여기는 자는 복이 있나니 그들이 긍휼히	151
네 시작은 미약하였으나 네 나중은 심히 창대	157
보라 내가 속히 오리니 내가 줄 상이 내게	164
여호와를 의뢰하고 선을 행하라 땅에 머무는	185
여호와께서 기다리시나니 이는 너희에게 은혜	230
내 이름을 위하여 집이나 형제나 자매나 부모	231
여호와께서 만국을 벌할 날이 가까웠나니 네가	246

주라 그리하면 너희에게 줄 것이니 곧 후히	273
너희 보물 있는 곳에는 너희 마음도 있으리라	276
주는 것이 받는 것보다 복이 있다 하심을 기억	309
근심하는 자 같으나 항상 기뻐하고 가난한 자	347
나의 하나님이 그리스도 예수 안에서 영광	358
너를 축복하는 자에게는 내가 복을 내리고	397
여호와는 네게 복을 주시고 너를 지키시기를	404
여호와께서 너를 위하여 하늘의 아름다운 보고	410
여호와는 가난하게도 하시고 부하게도 하시며	414
너는 하나님과 화목하고 평안하라 그리하면 복	427
여호와께서 자기 백성에게 평강의 복을 주시리	447
그에게 피하는 자는 복이 있도다 너희 성도들아	450
만군의 여호와여 주께 의지하는 자는 복이	461
여호와를 경외하며 그의 길을 걷는 자마다 복이	477
네 재물과 네 소산물의 처음 익은 열매로	484
나를 가난하게도 마옵시고 부하게도 마옵시고	500
너희는 내 목소리를 들으라 그리하면 나는 너희	524

《충성》

부지런하여 게으르지 말고 열심을 품고 주를	67
항상 주의 일에 더욱 힘쓰는 자들이 되라	88
경건하게 살고자 하는 자는 박해를 받으리라	102
지극히 작은 것에 충성된 자는 큰 것에도 충성	103
네가 죽도록 충성하라 그리하면 내가 생명의 관	146
나를 충성되이 여겨 내게 직분을 맡기심	168

맡은 자들에게 구할 것은 충성이니라	179
착하고 충성된 종아 네가 적은 일에 충성	263
자기 십자가를 지고 나를 따르지 않는 자도	277
한 알의 밀이 땅에 떨어져 죽지 아니하면	291
나는 선한 싸움을 싸우고 나의 달려갈 길을	372
서로 대접하기를 원망 없이 하고 각각 은사를	385
순종이 제사보다 낫고 듣는 것이 숫양의 기름	419
사람은 외모를 보거니와 나 여호와는 중심을	420

《치유》

믿는 자들에게는 이런 표적이 따르리니 곧 그들이	2
그가 찔림은 우리의 허물 때문이요 그가 상함은	3
여호와께서 너를 지켜 모든 환난을 면하게 하시며	5
우리가 사방으로 욱여쌈을 당하여도 싸이지 아니	7
죄를 짓는 자는 마귀에게 속하나니 마귀는 처음	8
하나님이 그를 지극히 높여 모든 이름 위에	10
사람이 감당할 시험밖에는 너희가 당한 것이	11
나의 힘이신 여호와여 내가 주를 사랑하나이다	12
두려워 말라 내가 너와 함께 함이라. 놀라지 말라	13
세상에서는 너희가 환난을 당하나 담대하라	14
내가 가는 길을 그가 아시나니 그가 나를 단련	17
내게 능력 주시는 자 안에서 내가 모든 것을	19
내가 너희에게 뱀과 전갈을 밟으며 원수의 모든	27
우리가 환난 중에도 즐거워하나니 이는 환난은	29
하늘과 땅의 모든 권세를 내게 주셨으니	33

너희 염려를 다 주께 맡기라 이는 그가 너희를	34
너희는 하나님께 복종할지어다. 마귀를 대적하라	35
자녀들아 너희는 하나님께 속하였고 또 그들을	44
평강의 하나님께서 속히 사탄을 너희 발아래에서	45
고난당한 것이 내게 유익이라 이로 말미암아	49
나는 너희를 치료하는 여호와임이라	51
내가 네게 명령한 것이 아니냐 강하고 담대하라	52
하나님이 우리를 위하시면 누가 우리를 대적	59
내 이름을 경외하는 너희에게는 공의로운 해가	60
그가 시험을 받아 고난을 당하셨은즉 시험받는	68
너희 죄를 서로 고백하며 병이 낫기를 위하여	75
내가 기뻐하는 금식은 흉악의 결박을 풀어주며	85
서서 진리로 너희 허리띠를 띠고 의의 호심경을	93
징계는 다 받는 것이거늘 너희에게 없으면	110
인생이 무엇이기에 그를 생각하시나이까	130
여호와는 나의 목자시니 내게 부족함이	142
너희는 택하신 족속이요 왕 같은 제사장들	160
나를 믿는 자는 나의 하는 일을 그도 할 것	161
피곤한 자에게는 능력을 주시며 무능한 자	176
나를 능하게 하신 그리스도 예수 우리 주께	168
오직 여호와를 앙망하는 자는 새 힘을 얻으리	177
상한 갈대를 꺾지 아니하며 꺼져가는 등불을	178
너희 몸은 너희가 하나님께로부터 받은바 너희	180
하나님의 나라는 말에 있지 아니하고 오직 능력	198
상심한자 들을 고치시며 그들의 상처를 싸매시	199

너는 두려워하지 말라 내가 너를 구속하였고	207
사람으로는 할 수 없으되 하나님으로는	226
예수 그리스도는 어제나 오늘이나 영원토록	232
예수께서 열두 제자를 부르사 더러운 귀신을	258
몸은 죽여도 영혼은 능히 죽이지 못하는 자	259
내가 항상 내 앞에 계신 주를 뵈었음이여 나로	303
사랑하시는 이로 말미암아 우리가 넉넉히 이기	324
우리의 모든 환난 중에서 우리를 위로하사	343
우리가 환난 당하는 것도 너희가 위로와 구원	344
항상 우리를 그리스도 안에서 이기게 하시고	345
마귀의 간계를 능히 대적하기 위하여 하나님	354
그가 우리를 흑암의 권세에서 건져내사 그의	359
너희를 굳건하게 하시고 악한 자에게서 지키	368
하나님이 우리에게 주신 것은 두려워하는 마음	371
주께서 나를 모든 악한 일에서 건져내시고	373
징계가 당시에는 즐거워 보이지 않고 슬퍼	378
내 형제들아 너희가 여러 가지 시험을 당하	379
사람이 시험을 받을 때에 내가 하나님께 시험	380
근신하라 깨어라 너희 대적 마귀가 우는 사자	387
그들이 어린 양과 더불어 싸우려니와 어린 양	394
내가 너를 세웠음은 나의 능력을 네게 보이고	400
네 하나님 여호와는 자비하신 하나님이심이라	405
여호와께서 너를 대적하기 위해 일어난 적군들	409
너희는 강하고 담대하라 두려워하지 말라	411
네 평생에 너를 능히 대적할 자가 없으리니	413

여호와께서는 너희를 자기 백성으로 삼으신 것 417
전쟁은 여호와께 속한 것인즉 그가 너희를 우리 421
네가 가는 모든 곳에서 내가 너와 함께 있어 422
주께서 또 주의 구원의 방패를 내게 주시며 424
하나님은 아프게도 하시다가 싸매시며 상하게 426
여호와께서 나를 붙드심이로다 천만인이 나를 430
내가 평안히 눕고 자기도 하리니 나를 안전히 432
주께 피하는 모든 사람은 다 기뻐하며 주의보호 433
나의 방패는 마음이 정직한 자를 구원하시는 434
내가 여호와를 항상 내 앞에 모심이여 그가 436
나를 눈동자 같이 지키시고 주의 날개 그늘 438
여호와께서 환난 날에 나를 그의 초막 속에 445
내가 주의 인자하심을 기뻐하며 즐거워할 것 448
여호와께서 사람의 걸음을 정하시고 그의 길 451
하나님은 우리의 피난처시요 힘이시니 환난 455
하나님은 나를 돕는 이시며 주께서는 내 생명 456
나의 힘이시여 내가 주께 찬송하오리니 하나님 457
나의 영혼이 잠잠히 하나님만 바람이여 나의 458
주의 궁정에서의 한 날이 다른 곳에서의 천 날 460
그가 네 모든 죄악을 사하시며 네 모든 병을 465
여호와께서 공의로운 일을 행하시며 억압 466
내가 산을 향하여 눈을 들리라 나의 도움이 475
여호와여 주의 이름을 위하여 나를 살리시고 480
겁내는 자들에게 이르기를 굳세어라 두려워하지 515
네가 물 가운데로 지날 때에 내가 너와 함께 할 517

내가 너를 악한 자의 손에서 건지며 무서운 자	525
우리가 여호와께로 돌아가자 여호와께서 우리를	531
주 여호와는 나의 힘이시라 나의 발을 사슴과	538

《기 타》

마음의 즐거움은 양약이라도 심령의 근심은	48
무엇이든지 너희가 땅에서 매면 하늘에서도	63
너희가 알거니와 사람마다 듣기는 속히 하고	94
마음의 경영은 사람에게 있어도 말의 응답은	99
무릇 그리스도 예수 안에서 경건하게 살고자	102
내가 율법이나 선지자를 폐하러 온 줄로 생각	106
누구든지 일하기 싫어하거든 먹지도 말게 하라	107
지옥에 던져지는 것보다 나으니라 거기에는	115
그러므로 형제들아 내가 하나님의 모든 자비	121
여호와여 사람이 무엇이기에 주께서 그를 알아	130
너희는 너희 아비 마귀에게서 났으니 너희	132
경건의 모양은 있으나 경건의 능력을 부인하니	163
내 사랑하는 자들아 너희가 친히 원수를 갚지	187
태초에 하나님이 천지를 창조하시니라 땅이	201
내일 일을 위하여 염려하지 말라 내일 일은	211
비판을 받지 아니하려거든 비판하지 말라	212
아무에게도 악을 악으로 갚지 말고 모든 사람	215
네 원수가 주리거든 먹이고 목마르거든	216
평안을 너희에게 끼치노니 곧 나의 평안을	228
스스로 속이지 말라 하나님은 업신여김을 받지	233

사람이 성내는 것이 하나님의 의를 이루지	234
예물을 제단에 드리려다가 거기서 네 형제	235
내게 주신 영광을 내가 그들에게 주었사	237
하나님이 이르시되 우리의 형상을 따라 우리	238
너는 청년의 때에 너의 창조주를 기억하라	245
누구든지 음행한 이유없이 아내를 버리면	252
하늘에 계신 너희 아버지의 온전하심과 같이	253
공중의 새를 보라 심지도 않고 거두지도 않고	254
무엇이든지 남에게 대접을 받고자 하는 대로	256
추수할 것은 많되 일꾼이 적으니 그러므로 추수	257
입에서 나오는 그것이 사람을 더럽게 하는 것	262
사람이 그 부모를 떠나서 그 둘이 한 몸이 될지	265
하나님은 죽은 자의 하나님이 아니요 산 자의	267
귀신들이 너희에게 항복하는 것으로 기뻐하지	275
보라 세상 죄를 지고 가는 하나님의 어린 양	280
이제부터는 너희를 종이라 하지 아니하리니 종	294
내가 원하는 바 선은 행하지 아니하고 도리어	317
낮에와 같이 단정히 행하고 방탕하거나 술	329
우리 중에 누구든지 자기를 위하여 사는 자가	330
한 지체가 고통을 받으면 모든 지체가 함께	339
우리가 낙심하지 아니하노니 우리의 겉사람은	346
각각 그 마음에 정한 대로 할 것이요 인색함	348
주 안에서 항상 기뻐하라 내가 다시 말하노니	357
그리스도의 평강이 너희 마음을 주장하게 하라	362
무슨 일을 하든지 마음을 다하여 주께 하듯 하고	364

그러나 자족하는 마음이 있으면 경건은 큰 이익	370
여호와 하나님이 땅의 흙으로 사람을 지으시고	395
네가 흙으로 돌아갈 때까지 얼굴에 땀을 흘려야	396
하나님이 모세에게 이르시되 나는 스스로 있는자	399
너는 여호와 네 하나님의 성민이라 네 하나님	408
나를 존중히 여기는 자를 내가 존중히 여기고	416
우리의 연수가 칠십이요 강건하면 팔십이라도	462
인생은 그 날이 풀과 같으며 그 영화가 들의 꽃	467
주는 나의 하나님이시라 내가 주께 감사하리	471
여호와여 내 입에 파수꾼을 세우시고 내 입술의	479
여호와를 경외하는 자에게는 견고한 의뢰가	488
유순한 대답은 분노를 쉬게 하여도 과격한 말은	489
노하기를 더디하는 자는 용사보다 낫고 자기의	490
제비는 사람이 뽑으나 모든 일을 작정하기는	491
남의 말하기를 좋아하는 자의 말은 별식과	493
죽고 사는 것이 혀의 힘에 달렸나니 혀를 쓰기	495
내 손으로 한 모든 일과 내가 수고한 모든 것이	501
인생들의 혼은 위로 올라가고 짐승의 혼은 아래	502
두 사람이 한 사람보다 나음은 그들이 수고함	503
두 사람이면 맞설 수 있나니 세겹 줄은 쉽게	504
그가 모태에서 벌거벗고 나왔은즉 그가 나온	505
초상집에 가는 것이 잔칫집에 가는 것보다	506
일의 끝이 시작보다 낫고 참는 마음이 교만한	507
산 자들 중에 들어있는 자에게는 누구나 소망이	508
이는 내 생각이 너희의 생각과 다르며 내 길은	519

우리는 진흙이요 주는 토기장이시니 우리는 다   522
오직 정의를 물 같이, 공의를 마르지 않는 강   534
비록 무화과나무가 무성하지 못하며 포도나무에   537
해 뜨는 곳에서부터 해 지는 곳까지의 이방 민족   540

4. 시편 19편

　하늘이 하나님의 영광을 선포하고 궁창이 그의 손으로 하신 일을 나타내는도다. 날은 날에게 말하고 밤은 밤에게 지식을 전하니 언어도 없고 말씀도 없으며 들리는 소리도 없으나 그의 소리가 온 땅에 통하고 그의 말씀이 세상 끝까지 이르도다. 하나님이 해를 위하여 하늘에 장막을 베푸셨도다. 해는 그의 신방에서 나오는 신랑과 같고 그의 길을 달리기 기뻐하는 장사 같아서 하늘 이 끝에서 나와서 하늘 저 끝까지 운행함이여 그의 열기에서 피할 자가 없도다.
　여호와의 율법은 완전하여 영혼을 소성시키며 여호와의 증거는 확실하여 우둔한 자를 지혜롭게 하며 여호와의 교훈은 정직하여 마음을 기쁘게 하고 여호와의 계명은 순결하여 눈을 밝게 하시도다. 여호와를 경외하는 도는 정결하여 영원까지 이르고 여호와의 법도 진실하여 의로우니 금 곧 많은 순금보다 더 사모할 것이며 꿀과 송이꿀보다 더 달도다. 또 주의 종이 이것으로 경고를 받고 이것을 지킴으로 상이 크니이다.

자기 허물을 능히 깨달을 자 누구리요, 나를 숨은 허물에서 벗어나게 하소서 또 주의 종에게 고의로 죄를 짓지 말게 하사 그 죄가 나를 주장하지 못하게 하소서 그리하면 내가 정직하여 큰 죄과에서 벗어나겠나이다. 나의 반석이시오, 나의 구속자이신 여호와여 내 입의 말과 마음의 묵상이 주님 앞에 열납되기를 원하나이다(시 19:1~14)

5. 기독교 용어 바르게 사용하기

- 이 모든 말씀 예수님의 이름으로 기도합니다.
  → 이 모든 간구를 예수님의 이름으로 기도합니다.
- 하나님의 축복 → 하나님이 주신 복
- 축복하여 주시옵소서 → 복 주시옵소서
- 기도드렸습니다, 하였습니다 → 기도드립니다, 기도합니다
- 당신 → 하나님, 하나님 아버지
- 주여, 하나님 아버지시여 → 주님, 하나님 아버지
- 우리 성도님들이 → 저희들이, 교회의 권속들이…
- 사랑 많으신 예수님 → 사랑의 하나님
- 참 좋으신 하나님 → 거룩하신, 은혜로우신, 전능하신 하나님
- 사회자 → 인도자(예배시)
- 대표기도 → 기도인도
- 성가대 → 찬양대

- 지금도 살아계신 하나님 → 사용불가(영원하신데)
- 대예배 → 주일예배
- 헌금 → 봉헌
- 열린 예배 → 열린 집회
- 예배봐 준다 → 사용불가
- 준비찬송 → 사용불가
- 성령 → 성령님
- 예배/ 예식/ 기도회 구별사용
- 축제 → 잔치(때에 따라 절기마다, 축하행사)
- 소천하셨다
  → 별세하셨다. 하나님의 부르심을 받았다, 숨을 거두셨다
- 명복을 빕니다 → 위로를 받으시기 바랍니다
- 미망인 → 고인의 부인, 유족
- 칠성판 → 고정판, 시정판
- 삼우제 → 첫 성묘
- 영결식, 고별식 → 장례예식
- 자벽 → 지명 임명
- 증경 → 전
- 당회장 → 담임목사, 당회장(회의 때만)
- 예수 → 예수님
- 사모 → 사모님
- 태신자 → 전도대상자
- 고퇴 → 의사봉
- 전야제 → 전야 축하행사
- 중보기도 → 중보적 기도, 이웃을 위한 기도

6. 심방 때 참고 말씀과 찬송

- 개업 (신 6:16~19, 신 28:12~14, 욥 8:5~7, 잠 16:3) (378, 380)
- 결혼 (신 28:1~7, 욥 8:5~7, 시 128:1~6, 고전 13:1~13) (312, 604, 605)
- 당선 (창 14:17~20, 고후 2:14) (384, 435, 552)
- 돌 (눅 2:52, 히 11:23) (565, 566)
- 백일 (눅 2:40, 행 13:22) (220, 564)
- 병문안 (출 15:26, 시 103:1~5, 사 53:5, 말 4:2) (406, 407, 471)
- 사업확장 (시 1:3, 잠 10:4, 잠 16:3) (331, 552)
- 생일 (시 121:1~8, 시 118:6~9, 전 12:1, 마 4:19~20, 마 11:25, 딤후 3:15~17) (340, 567, 570, 574, 575)
- 성묘 (창 12:1~9, 잠 1:7~9, 살전 4:16~18) (559, 608)
- 승진 (눅 10:38~42, 딤후 2:15, 딤후 2:20~21) (331, 336)
- 신년 (고후 5:17~21, 엡 4:21~25)(550, 551, 552, 554)
- 신축 (시 127:1, 마 7:25)(204, 347)

- 이사 (눅 19:1~10, 행 10:1~8) (292, 375, 376)
- 임직 (시 1:3, 잠 10:4, 잠 16:3, 고전 4:1~2, 벧전 5:3) (212, 213, 214, 333, 380)
- 입사 (민 6:24~26, 고전 15:58) (218, 330)
- 입학 (수 1:8, 시 119:3, 시 119:32, 잠 3:3~6, 잠 14:18, 요 6:9~13, 딤후 1:14, 딤후 2:20~22), (312, 526, 566, 574, 575, 586)
- 제대 (갈 5:13, 갈 6:9, 빌 2:25), (358, 459)
- 졸업 (창 28:12~15, 신 6:4~7, 잠 1:7~8, 잠 3:1~10, 잠 16:21, 막 10:13~16, 롬 12:1~2, 엡 5:15~16, 빌 1:6)
  (64, 73, 213, 215, 301, 321, 384, 454, 564)
- 추도 (왕상 2:1~3, 시 90:3~6, 눅 16:19~31, 살전 4:13, 딤후 4:7~8, 계 21:1~7) (91, 93, 242, 336, 579)
- 추석 (레 23:39~43, 신 16:13~15, 시 112:1~6), (559, 588, 589, 591)
- 출생 (신 31:12~13, 삼상 1:20, 시 127:3), (478, 564)
- 회갑, 진갑 (시 84:9~12, 시 90:9~10, 빌 3:12 약 4:14) (88, 301, 384, 435)

7. 하나님의 도움이 필요할 때

기도하면 하나님께서 도와주신다
(마 7:7~8) (마 7:11), (마 18:19~20)
(마 21:22), (막 11:24), (눅 18:7), (요 15:7)
(요 14:13~14), (요 15:16), (빌 4:6~7)
(살전 5:17), (약 4:2~3), (대하 7:14), (시 34:6)
(시 50:15) (렘 33:3) (시 107:19~20) (시 145:18~19)

하나님은 사랑이시다
사랑하는 자들아 우리가 서로 사랑하자 사랑은 하나님께 속한 것이니 사랑하는 자마다 하나님으로부터 나서 하나님을 알고 사랑하지 아니하는 자는 하나님을 알지 못하나니 이는 하나님은 사랑이심이라 하나님의 사랑이 우리에게 이렇게 나타난 바 되었으니 하나님이 자기의 독생자를 세상에 보내심은 그로 말미암아 우리를 살리려 하심이라 사랑은 여기 있으니 우리가 하나님을 사랑한 것이 아니요, 하나님이 우리를 사랑하사 우리 죄를 속하기 위하여 화목 제물로 그 아들을 보내셨음이라 사랑

하는 자들아 하나님이 이같이 우리를 사랑하셨은즉 우리도 서로 사랑하는 것이 마땅하도다.(요일 4:7~11)

여러 가지 문제가 있을 때

가난하여 궁색하게 느껴질 때(마 5:1~12)

감사할 것 없다고 생각될 때(시 136편), (살전 5:18)

근심이 있을 때(마 6:19~34), (요 14:1~3)

내가 한 일에 낙심될 때(시 126편), (롬 8:28)

다른 사람과 잘 지내려면(롬 12장),(요일 4:7~11)

따돌림을 당하는 때(롬 8:31~37)

믿음의 확신이 필요할 때(히 11장), (롬 8:1~30)

사람들이 불친절해 보이면(요 15장),(롬 12:14~21)

사랑의 속성을 알고 싶을 때(고전 13장)

세상이 하나님보다 위대하게 보일 때(시 90편)

소명감이 식어질 때(마 5:13~16)

슬픔이 있을 때(요 14장), (빌 4:6~7)

신앙인으로서 확신이 필요할 때(롬 8:1~30)

아주 좋은 기회가 있으면(사 55장)

여행으로 집을 떠나 있을 때(시 121편)

외롭거나 두려울 때(시 23편), (사 41:10)

위험에 처했을 때(시 91편), (시 27:1)

의기소침할 때(시 27편)

죄를 지었을 때(시 51편)(요일 1:9)

창조 질서와 말씀의 본질을 알려면(시 19편)

평안과 휴식을 원하면(마 11:25~30), (렘 29장)

하나님의 도움 필요할 때(시 27편), (시 18:1~2)

하나님이 멀게 느껴질 때 (시 139편), (미 7:7)

하나님의 속성
거짓말을 안 하시고 정직하신 분 (잠 2장, 시 25장)
구원하시고 세계를 경영하시는 분 (이사야)
긍휼이 많으시고 은혜로우신 분 (시 103편)
기도에 응답하시고 구원하시는 분 (렘 33장, 시 34편)
노하기를 더디하시고 인자가 풍부하신 분 (시 103편)
용서하시고 관심 가지시는 분 (레위기)(시 103편)
돌아오기를 바라시고 간섭하시는 분 (사 55:7)
말씀을 들려주시고 다시 세우시는 분 (에스더)
미래의 소망을 주시고 격려하시는 분 (렘 29장)
생사화복을 주관하시고 돌보시는 분 (삼상 2장)
불의를 심판하고 사람을 생각하시는 분 (예레미야)
사랑을 보이시고 사랑을 주시는 분 (아가), (요일서)
사람의 중심을 보시고 기도 들으시는 분 (삼상 16장)
선을 이루게 하시고 보호하시는 분 (느헤미야)
선하시고 정직하신 분 (시 25편)(시 100편)
스스로 계시고 언제나 살아 계신 분 (출 3장)
약속을 지키고 전쟁의 주인 되시는 분 (여호수아)
왕의 왕이 되시고 찬양 받으실 분 (시편)
위기에서 구하시고 용기를 주시는 분 (에스더)
의인을 시험하시고 지켜보시는 분 (욥기)
전지전능하시고 천지를 창조하신 분 (창세기)
지혜의 주인이시고 생각들을 키우시는 분 (잠언)
찬송으로 영광 받으시기 기뻐하시는 분 (사 43장)
포기하지 않으시고 다스리시는 분 (사사기)

류춘영 신앙간증집
하나님이 기뻐하시는 삶

2015년 1월 15일 1쇄 발행
2015년 4월 15일 2쇄 발행
2022년 3월 15일 3쇄 발행(증보판)

지은이 / 류춘영
발행인 / 강병욱

발행처 / 도서출판 교음사
편집 / 隨筆文學社 出版部

03147 서울 종로구 삼일대로 457 수운회관 1308호
Tel (02) 737-7081, 739-7879(Fax)
e-mail : gyoeum@daum.net
등록 / 제2007-000052호

저자 연락처 : 010-7702-6632

* 잘못된 책은 바꿔 드립니다. 값 12,000원
ISBN 978-89-7814-654-8 03230